大数据赋能背景下的会计信息化与创新发展研究

肖翰扬 王 青◎著

武汉理工大学出版社
·武汉·

内 容 提 要

大数据技术的应用正在深刻改变着各行各业的运作方式，其中包括会计领域。会计信息化作为提升企业财务管理效率和准确性的重要手段，正面临着大数据背景下的新机遇与挑战。基于此，本书分析大数据基本理论及其在会计信息发展中的作用，全面概述会计信息化的演进与现状，并研究大数据背景下信息技术如何被应用于会计信息化中。同时，我们将探讨构建适应大数据环境的会计信息系统，介绍会计信息系统的基本业务处理。接着重点关注大数据背景下会计信息化的新发展，如财务共享、业财融合、智能财务。最后，关注大数据时代对会计信息化人才的新需求，并提出相应的人才培养策略。本书适用于会计相关专业人员、研究者参阅。

图书在版编目（CIP）数据

大数据赋能背景下的会计信息化与创新发展研究 / 肖翰扬，王青著. -- 武汉：武汉理工大学出版社，2024.9. -- ISBN 978-7-5629-7241-9

Ⅰ.F232

中国国家版本馆 CIP 数据核字第 20242P73F3 号

责任编辑：尹珊珊
责任校对：严　曾　　　排　版：任盼盼
出版发行：武汉理工大学出版社
社　　址：武汉市洪山区珞狮路 122 号
邮　　编：430070
网　　址：http://www.wutp.com.cn
经　　销：各地新华书店
印　　刷：北京亚吉飞数码科技有限公司
开　　本：710×1000　1/16
印　　张：15
字　　数：238 千字
版　　次：2025 年 3 月第 1 版
印　　次：2025 年 3 月第 1 次印刷
定　　价：95.00 元

凡购本书，如有缺页、倒页、脱页等印装质量问题，请向出版社发行部调换。
本社购书热线电话：027-87391631　87664138　87523148
·版权所有，盗版必究·

前　言

随着信息技术的迅猛发展,大数据已然跃升为当今社会发展的强大引擎。它凭借海量、多样、迅捷和价值密度较低的特性,正在逐步重塑传统行业的生态格局。会计作为企业管理过程中不可或缺的关键工具,其信息化程度的高低直接关系到企业运营效率的高低和市场竞争力的强弱。然而,传统的会计信息系统在处理数据、分析深度以及应用范围等方面均存在一定的局限性和不足之处。大数据技术的广泛应用不仅彻底改变了会计数据的处理方式,而且为会计信息化注入了强大的数据支撑和智能化的分析工具,使会计信息的处理变得更为高效,分析更为深入,应用也更为广泛。

通过大数据技术,企业可以更加精准地捕捉市场动态、分析客户需求,进而制定更加科学的经营策略和决策方案。同时,大数据技术还可以帮助企业在财务管理、内部控制等方面实现更高效的运营,进一步提升企业的整体运营效率和市场竞争力。因此,大数据技术在会计信息化领域的应用不仅有助于推动会计行业的创新发展,还为企业提供了更加便捷、高效和精准的财务管理手段,对于提升企业的综合实力和市场地位具有重要意义。同时,大数据还推动了会计信息化的创新发展,如业财一体化、财务共享中心等新型模式的出现,都是大数据技术与会计信息化相结合的产物。然而,大数据赋能会计信息化的同时也带来了一系列新的问题和挑战。如何有效地整合和利用大数据资源,如何保障会计信息的安全与隐私,如何培养适应大数据时代的会计信息化人才等问题迫切需要我们去思考和解决。为此,作者在参阅大量相关文献的基础上,撰写了本书。

本书共七章内容。第一章为大数据基本理论与会计信息发展,介绍了大数据的基本概念、会计信息的相关理论以及大数据的使用价值和在会计信息发展中的应用。第二章为会计信息化概述,对会计信息化的含义、发展演变以及对传统会计的影响进行了分析。第三章详细探讨了大数据、物联网、云计算和人工智能等信息技术在会计信息化中的应用。第四章着重讨论了会计信息系统的建设,包括会计信息系统的基本构成、组织模式、开发设计和维护。第五章分析了大数据赋能下会计信息系统的基本业务处理。第六章为大数据赋能背景下会计信息化的创新发展,包括业财一体化建设、财务共享中心建设和会计信息处理的智能化发展。第七章则聚焦于大数据赋能背景下会计信息化人才培养的问题,探讨了人才培养的现状、课程体系构建和培养路径。

总体来看,本书具有以下特点:

第一,系统性。本书从大数据的基本理论出发,逐步深入会计信息化的各个方面,包括信息系统的建设、基本业务处理以及创新发展等。全书内容丰富、条理清晰,为读者提供了一个系统、全面的学习框架。

第二,实用性。本书不仅阐述了理论知识,还结合实际应用场景进行了详细的讲解。读者可以直观地了解大数据在会计信息化中的具体应用,从而更好地将理论知识转化为实践能力。

第三,创新性。本书在探讨大数据赋能会计信息化的同时,也对其创新发展进行了深入的研究。无论是业财一体化、财务共享中心还是智能化处理等方面,都体现了本书的创新精神和探索意识。

本书在撰写过程中参阅了大量关于大数据和会计信息化方面的著作、期刊,在此向相关作者表示诚挚的谢意。由于作者时间和精力所限,书中难免存在不足和疏漏之处,恳请读者批评指正,以便我们不断完善此书。

作 者
2024 年 6 月

目 录

第一章　大数据基本理论与会计信息发展 …………………………… 1
　　第一节　大数据的基本概念 ………………………………………… 1
　　第二节　会计信息相关理论 ………………………………………… 10
　　第三节　大数据的使用及价值 ……………………………………… 26
　　第四节　大数据赋能背景下的会计信息发展 ……………………… 37

第二章　会计信息化概述 ………………………………………………… 47
　　第一节　会计信息化的含义 ………………………………………… 47
　　第二节　会计信息化的发展演变 …………………………………… 61
　　第三节　会计信息化对传统会计的影响 …………………………… 67

第三章　大数据赋能背景下信息技术在会计信息化中的应用 ……… 73
　　第一节　大数据技术在会计信息化中的应用 ……………………… 73
　　第二节　物联网技术在会计信息化中的应用 ……………………… 79
　　第三节　云计算技术在会计信息化中的应用 ……………………… 86
　　第四节　人工智能技术在会计信息化中的应用 …………………… 93

第四章　大数据赋能背景下会计信息系统建设 ……………………… 100
　　第一节　会计信息系统的基本构成与组织模式 …………………… 100
　　第二节　会计信息系统的开发与设计 ……………………………… 111
　　第三节　会计信息系统的维护 ……………………………………… 128

第五章　大数据赋能下会计信息系统的基本业务处理 ……………… 137
　　第一节　大数据赋能下会计信息总账的设置与管理 ……………… 137
　　第二节　大数据赋能下会计信息基本业务的处理 ………………… 145

第三节　大数据赋能下会计信息供应链各环节业务的处理…… 159

第六章　大数据赋能背景下会计信息化的创新发展…………… 176

第一节　大数据赋能下的业财深度融合——
业财一体化建设………………………………… 176

第二节　大数据赋能下会计信息的集中管控——
财务共享中心建设……………………………… 183

第三节　大数据赋能下会计信息处理的智能化发展………… 199

第七章　大数据赋能背景下会计信息化人才培养……………… 205

第一节　会计信息化人才培养现状………………………… 205

第二节　大数据赋能下会计信息化人才培养课程
体系的构建……………………………………… 214

第三节　大数据赋能下会计信息化人才培养路径…………… 224

参考文献………………………………………………………… 230

第一章

大数据基本理论与会计信息发展

第一节 大数据的基本概念

随着信息技术的迅猛发展,大数据技术已成为现代社会发展的重要驱动力。对于企业来说,数据不仅是一种资源,更是一种能够提升效率、优化决策的关键要素。在这一背景下,大数据与会计信息的关系愈发紧密,其对企业会计工作的影响也日益显著。大数据技术允许企业以前所未有的规模和速度处理和分析数据。对于会计行业而言,这意味着能够更高效地处理大量的交易数据、财务报告和审计记录。通过大数据技术,会计人员可以迅速识别出异常交易、预测财务风险,并为企业提供更加精准的财务建议。

一、数据

信息化是将现实世界的事物和流程转化为数字数据的过程,这些数据可以被计算机系统识别、存储、处理和分析。这一过程依赖于各种技术和工具,如传感器、扫描设备、数据库管理系统等,它们共同工作以捕获现实世界的各种属性和动态。

（一）数据的概念

数据是指用来描述和记录信息的符号组合,这些符号可以是数字、文字、图像、音频、视频等。数据是信息和知识的载体,通过数据可以表达和传递各种信息和知识。在计算机科学中,数据通常被存储在计算机系统中,并被程序所处理和分析。

数据可以是定量的,如数字、度量衡等,用于表示数量、大小、速度等可量化的事物;也可以是定性的,如文字、图像等,用于描述事物的特征、状态或关系。数据可以是结构化的,如数据库中的表格数据,也可以是非结构化的,如社交媒体上的文本或图像信息。

在现代社会中,数据已经成为一种重要的资源,广泛应用于各个领域,如商业、科学、医疗、政府等。通过对数据的收集、存储、处理和分析,人们可以获取有价值的信息和知识,支持决策制定、优化流程、提高效率和创造新的商业机会等。

同时,随着技术的不断发展,数据的规模在扩大,复杂性也在不断增加,数据处理和分析的技术与方法也在不断进步和创新。因此,数据的理解、处理和应用能力已经成为现代社会中不可或缺的重要技能之一。

（二）数据的类型

1. 定性数据和定量数据

定性数据是指用语言来描述的数据,通常是以文本形式存在的数据。这些数据没有具体的数值,而是通过描述性的语言来表达,主要涉及分类或标签。例如,企业的所有制形式(国有、私营等)或消费者对某场所服务的总体评价(如"满意""一般""不满意")等,这些都是用文字来表述的,没有具体的数值量化。

定量数据是指以数量形式存在的属性,可以进行测量。例如,企业的净资产额、净利润额等,这些都是具体的数字,可以进行数学运算和比较。

定性数据更注重对事物性质的描述和解释,而定量数据则强调对事物数量的精确测量和分析。

2. 离散型数据和连续型数据

离散型数据是指取值可数或有限的数据类型,其特点在于数据的取值是可以明确列举的,常见于计数或分类场景。例如,一家公司的职工人数、订阅的杂志份数,以及是否持有股票的简单回答(是或否)等,都属于离散型数据。这类数据的每个数值或分类之间有明确的分隔,不存在中间值或模糊区域,便于进行统计和分类分析。

连续型数据是在一定范围内可以取任意值的数据类型,其取值连续且无限,能够表示测量结果的细微差别。例如,销售额、经济增长率以及身高等,都是连续型数据的典型代表。这类数据可以精确到小数点后几位,以展现细微的数值变化。尽管实际测量中可能受到工具精度的限制而得到近似值,但连续型数据在描述和分析过程中具有连续变化特性的现象时具有显著优势。

二、大数据技术

(一)大数据的概念

大数据(Big Data)是一个相对宽泛的概念,它主要指的是在信息的收集、处理和分析方面,其规模远超过传统数据处理能力的数据集合。这种数据集不仅体积庞大,传输速度快,而且包含了多种多样的数据类型。然而,单一数据点的价值可能相对较低,只有当大量数据被汇总和分析时,才能揭示出其中的模式和趋势。

现代语境中的"大数据"往往不仅仅指数据本身,而是数据和大数据技术的结合。这种结合使我们能够更有效地处理和分析这些数据,从而提取有价值的信息,为决策提供支持,甚至创造新的价值。

大数据技术涵盖了一系列的技术和方法,从数据的采集与预处理,到数据的存储和管理,再到数据挖掘和安全保护,每一个环节都不可或缺。这些技术的综合应用使企业能够应对大数据带来的挑战,同时也为企业开启了前所未有的机会和可能性。

（1）数据采集与预处理技术。数据采集依托先进的传感器技术、高效的通信网络以及智能识别技术等多元化手段，实现对海量数据的智能识别、精准定位、实时跟踪以及高效传输，充分利用现代科技的力量，确保数据的收集工作既全面又精确。预处理技术负责对采集到的原始数据进行全面的清洗工作，去除其中存在的噪声、重复或无效数据，同时利用一系列转换操作，将数据格式统一化、标准化，以便后续的分析处理能够顺利进行。

数据采集与预处理技术的综合运用不仅确保了数据的准确性和有效性，还为后续的数据应用提供了坚实的基础。通过这些技术手段的精确实施，能够深入挖掘大数据的潜在价值，为企业的决策制定、市场分析以及业务优化等方面提供有力的数据支持。

（2）数据存储技术。大数据的存储与管理需要应对庞大且多样化的数据集，这对传统的关系型数据库构成了巨大的挑战。由于其固有的局限性，这些数据库难以高效地处理如此规模的数据。因此，为了满足大数据时代的存储需求，出现了如 Hadoop HDFS 等先进的分布式文件系统。Hadoop HDFS 不仅具备卓越的扩展性，能够轻松应对海量数据的存储需求，而且还提供了高可靠性和容错性的保障。它采用分布式架构，将数据分散存储在多个节点上，有效避免了单点故障的风险。同时，HDFS 还通过数据备份和容错机制，确保数据的完整性和可恢复性，为用户提供稳定可靠的数据存储服务。

（3）数据挖掘技术。数据挖掘是一项极具价值的技术活动，旨在从浩如烟海的数据中提炼出有价值的信息和知识。这一过程涉及众多先进的技术手段，包括机器学习、统计方法以及神经网络等。这些技术方法的应用使企业能够在看似纷繁复杂的数据中挖掘出深藏的规律和趋势，进而为决策提供更为科学、精准的依据。

通过数据挖掘，企业能够更加深入地理解数据的内在逻辑和关联，发现那些不易被肉眼察觉的细微之处。这不仅有助于我们更加全面地认识事物的本质，还能为我们制定战略规划和策略提供更为可靠的参考。

（4）数据展现技术。数据可视化作为一种强有力的工具，能够将纷繁复杂的数据结果转化为简洁、直观的表现形式，进而帮助用户更加深入地理解和剖析数据所蕴含的深刻内涵。在数据可视化的技术领域中，存在诸多常见的展示方式，如标签云、历史流以及空间信息流等，这些多样化的技术手段为数据的呈现提供了极为丰富的选择空间。通过这些技术的运用,用户可以更加轻松地获取数据中的关键信息,从而更好地进行决策分析或业务规划。

大数据的关键技术涵盖了从数据采集、预处理、存储管理到分析挖掘和数据展现的全过程。这些技术的发展和应用使组织能够从庞大的数据中提取有价值的信息,从而在竞争激烈的市场中获得优势。

(二)大数据的类型

大数据涵盖了多种类型的数据,这些数据来自不同的源头和场景。

1. 传统企业数据

这类数据主要来自企业的日常运营和管理活动,包括:①传统的ERP(企业资源规划)数据,主要涉及企业的人力资源管理、生产计划、销售管理等多个方面。②库存数据,反映了企业的物资储备情况,对于供应链管理至关重要。③账目数据,记录了企业的财务状况和交易数据,是财务分析和审计的基础。

2. 机器和传感器数据

这类数据源于各种机器设备和传感器,包括:①呼叫记录,如电话通信记录,对于分析客户行为和通信模式非常有用。②智能仪表数据,如智能电表、水表等,用于监测和记录资源使用情况。③工业设备传感器数据,提供设备运行状态的实时信息,有助于预防性维护和故障预测。④设备日志,记录设备运行过程中的各种事件,对于问题排查和系统优化至关重要。⑤交易数据,涉及金融交易、电子商务交易等,是市场分析、风险评估和客户行为分析的基础。

3. 社交数据

社交数据主要来自社交媒体和在线社交平台,包括:①用户行为记录,如点赞、评论、分享等,反映了用户的兴趣和偏好。②反馈数据,如用户调查、评论和评分,提供了关于产品、服务或内容的直接反馈,对于改进与优化产品和服务至关重要。

（三）大数据的特征

大数据的特征可以概括为以下四个方面。

1. 规模性（Volume）

规模性是大数据最直观的特征。大数据首先意味着数据的体量巨大，具体多大才算大并没有一个确切的界限。从传统的TB级别，到现在已经扩展到了PB级别，甚至更大。随着技术的不断发展，未来数据的规模还将继续扩大。大数据的规模性不仅体现在数据的总量上，还体现在数据的增长速度和多样性上。数据的增长往往是指数级的，而数据类型也变得越来越丰富，包括结构化、半结构化和非结构化数据等。

2. 多样性（Variety）

大数据的丰富多样性在其构成和来源上得到了充分体现。除了包含传统的数字、文字等结构化信息外，大数据还囊括了更为错综复杂的半结构化以及非结构化信息，如图像、视频和音频等多种形式。结构化数据因其明确的数据模型，可便捷地用表格或关系型数据库进行存储与操作。相较之下，半结构化及非结构化信息，如XML、JSON格式文档，以及文本、图片等则不受固定数据模型的约束，展现了更高的灵活性。这种数据类型的广泛涵盖，使大数据能够更为深入地描绘现实世界的多元面貌。

大数据的来源非常广泛，有来自企业内部的系统和数据库，如销售数据、生产数据等，也有来自互联网、社交媒体、移动设备、传感器等各种渠道，多样性的数据来源为大数据分析提供了更丰富的信息基础。

3. 快速性（Velocity）

互联网、物联网等技术的快速发展带动了数据产生的速度的迅速提升。例如，社交媒体上的每一条新发布的信息、每一次的网络搜索、每一个传感器的读数,都在不断地为大数据海洋增添新的水滴。这种数据增长的快速性要求存储和处理系统必须具备高效的数据吞吐能力,在大数据时代,信息的时效性要求极高,因此数据处理速度成为关键。分布式计算、云计算等技术的应用,使大数据处理系统能够在短时间内完成对数据的分析和挖掘。大数据系统需要能够实时地响应各种查询和分析请求,从数据收集、处理到结果输出的整个过程都需要高效且迅速。

4. 价值性(Value)

在大数据中,真正具有价值的部分可能相当稀少,也就是说,数据的价值密度可能相当低。以视频数据为例,在持续不断的监控录像中,真正有用的信息可能仅仅集中在短暂的一两秒钟内。然而,一旦这些宝贵的数据被有效地挖掘和应用,它们所能带来的整体价值将是极其可观的。

大数据为企业提供了更深入洞察市场和客户需求的机会,从而有助于企业完善其产品与服务。例如,企业可以通过深入剖析客户的消费习惯和喜好,来制定更为精确的营销策略,进而实现销售额的提升。

大数据分析还能揭示数据背后隐藏的规律和动向,为政府和企业等机构的决策提供坚实的数据支撑,并推动技术和业务层面的革新。比如,在医疗、金融、交通等多个领域,利用大数据分析的结果,相关机构可以开发出新的服务模式与产品,从而增强其市场竞争力。

(四)大数据的技术框架

1. 数据源层

这一层主要涉及数据的来源,包括各种数据库、日志文件、社交媒体、传感器数据等。这些数据来源广泛且多样,是大数据分析的基础。

2. 数据收集层

数据收集层负责从数据源中采集数据,并将其传输到后续的处理系统中。常用的数据收集工具有 Sqoop(用于关系型数据库的全量导入)、Canal(用于关系型数据库的增量导入)、Flume(用于非关系型日志数据采集)以及 Kafka(分布式消息队列)等。

3. 数据存储层

由于传统的关系型数据库在分布式、扩展性及高可用方面存在瓶颈,因此大数据场景下常采用分布式存储系统,如 Hadoop 的 HDFS 和 HBase 等。这些系统能够存储海量的数据,并提供高可靠性和高性能的数据访问服务。

4. 资源管理与服务协调层

这一层主要负责资源的分配和管理,以及服务的协调和调度。例如,Hadoop 的 YARN(Yet Another Resource Negotiator)就是一个资源管理与调度系统,负责为上层应用提供统一的资源管理和调度服务。

5. 计算引擎层

计算引擎层是大数据处理的核心,它提供了各种计算框架和算法,用于对数据进行处理和分析。常见的计算引擎有 MapReduce、Spark 等。这些引擎能够处理大规模的数据集,并提供高效的计算能力。

6. 数据分析层

数据分析层负责对数据进行深入的分析和挖掘,以发现数据中的模式和关联。这一层通常包括各种数据分析和机器学习算法,如分类、聚类、关联规则挖掘等。通过这些算法,可以从海量数据中提取出有价值的信息。

7. 数据可视化层

数据可视化层是将分析结果以直观的方式展示出来,便于用户理解和使用。这一层通常包括各种可视化工具和仪表盘,可以将复杂的数据转化为图表、图像等形式,帮助用户更好地洞察数据中的信息。

(五)大数据带给企业的挑战

1. 处理大数据的技术挑战

第一,大数据的去冗降噪技术。由于大数据的来源复杂多样,企业在处理这些数据时需要面对去冗降噪的难题。数据中的冗余和噪声会影响分析的准确性,因此,开发有效的去冗降噪技术是企业面临的重要挑战。

第二,大数据的直观表示方法。目前,很多大数据的表示方法并不够直观,不能清晰地展示出数据的意义。随着数据量的不断增长和复杂化,探索更直观的数据展示方式成为企业的迫切需求。

第三,大数据的存储技术。大数据的存储技术不仅影响数据分析的效率,还直接关系到存储成本。如何在保证数据存储效率的同时降低存储成本,是企业需要解决的另一个技术问题。

第四,大数据的有效融合。数据的整合是大数据价值发挥的关键。由于数据格式的多样性和复杂性,实现大数据的有效融合对于企业来说是一个不小的挑战。

第五,降低能耗的新技术。大数据的获取、通信、存储、管理与分析处理都需要消耗大量的能源。开发能够大幅度降低数据处理、存储和通信能耗的新技术,是企业在大数据时代面临的重要技术挑战。

2. 运用大数据技术的挑战

第一,数据收集的挑战。虽然网络上存在大量数据,但收集到真实、有价值的数据并不容易。企业需要对收集到的数据进行去伪存真的处理，以确保数据的可信度和价值。

第二，数据存储的挑战。为了实现低成本、高可靠性的数据存储，企业需要对数据进行分类处理、去重操作以及添加便于检索的标签等技术手段。这些都是企业在运用大数据技术时需要面对的挑战。

第三，数据处理的挑战。某些行业的数据参数众多且复杂，难以用传统方法进行描述和度量。因此，在数据处理方面，企业需要探索新的方法和技术来应对这些挑战，如多媒体数据的降维处理、语义分析等。

第二节 会计信息相关理论

一、会计

（一）会计的产生与发展

任何一门学科都与其孕育成长的环境和历史脉络紧密相连，深入剖析其诞生背景与发展轨迹，有助于我们洞察其内在的精髓与核心。会计学作为其中一门重要的学科，自然也不例外。透过其漫长而曲折的产生与发展历程，能够更加深刻地理解会计的本质和特性。

在原始社会，人们采用结绳记事、刻木记事等方法来记录渔猎收获数量及其收支，这是会计的原始形态。

到了周朝，会计一词开始被使用，并且设置了专门负责会计工作的官职，如"司会"。此时，会计部门内部已经有了明确的分工，并建立了初步的会计管理制度。

在秦汉时期，官厅财计组织从中央到地方已构成了一个经济管理系统。此时，会计方法也有了新的发展，如三柱结算法的普及运用。

隋唐至宋代，会计、审计和国库组织发展到较为完备的程度。会计与出纳、会计与国库等之间有了明确的分工。专门的会计组织机构如唐代的"度支部"和宋代的"总计司""会计司"等也相继设立。

明末清初，"龙门账"的产生标志着我国会计的又一次重要进步。

该方法把全部账目分为进、缴、存、该四部分,并编制"进缴表"和"存该表",分别相当于现代的利润表和资产负债表。

在清朝后期,我国从国外引进了借贷复式记账法,进一步丰富了会计的记账方法。

20世纪30年代,会计科学逐步形成了为企业内部经营管理提供信息的管理会计体系,这是会计发展史上的一次伟大变革。此后,现代会计形成了财务会计和管理会计两大分支。

财务会计是企业对已完成资金运动进行全面核算与监督的经济管理活动,其核心目标是向企业外部的经济利害关系人如投资者、债权人和政府相关部门提供关于企业财务状况和盈利能力的关键信息。为了实现这一目标,财务会计遵循一套明确的记账原则,并按照既定的时间周期进行记账和报告,制作如资产负债表、利润表和现金流量表等会计报表。同时,财务会计还承担着遵守税务法规、缴纳税费和接受内外部审计的责任,以确保财务报表的真实性和准确性。此外,它还通过分析企业的经营状况和财务成果来支持市场经济的健康有序发展,并涉及成本控制、预算制定和内部控制制度的建立,以助力企业风险控制。最终,财务会计通过及时、准确地披露财务信息,提高企业的透明度和信任度,为利益相关者提供决策支持。

管理会计这一会计学的分支,在21世纪基于成本会计的坚实基础之上,逐渐发展壮大,与财务会计并驾齐驱,共同构建了现代会计学的广阔领域。它致力于为企业管理者提供精准而全面的决策支持信息,通过科学的数据分析和解读,助力企业高层制定出明智的短期与长期投资决策,以及合理的经营规划。

管理会计的核心目标在于帮助企业管理者更好地指导和控制当前的生产经营活动,确保企业资源得到最优配置,实现经营效益最大化。它依托于现代企业管理的决策和控制理论,以及成本会计准则,构建了一套完整且实用的管理体系。

从内容上看,管理会计主要包括"规划、决策会计"和"控制、业绩会计"两大板块。前者侧重于对企业的未来进行科学合理的规划,为管理者提供有利的决策依据;后者则注重对企业经营活动的实时监控和绩效评估,确保企业各项计划得以顺利实施并取得预期成果。因此,管理会计亦被称为对内报告会计,它在企业内部发挥着举足轻重的作用,是企业管理者不可或缺的得力助手。通过充分发挥管理会计的职能优势,企业可以不断提升自身的管理水平和经营效率,从而在激烈的市场竞争中立于不败之地。

财务会计与管理会计,尽管都是现代企业会计体系的重要组成部分,但在多个维度上展现出了显著的区别。

第一,从作用来看,财务会计主要聚焦于企业外部利益相关者的信息需求,如股东、债权人、政府部门等,为其提供关于企业财务状况、经营成果和现金流量的准确、可靠数据。管理会计则更侧重于企业内部管理决策的支持,通过深入分析财务数据,为管理层提供有关成本控制、预算编制、绩效评估等方面的有用信息。

第二,在内容方面,财务会计主要关注企业的财务报表编制,包括资产负债表、利润表、现金流量表等,以及与之相关的附注说明。管理会计则涵盖了更为广泛的内容,如成本分析、预算制定、内部控制、业绩评价等,以满足企业内部管理的各种需求。

第三,在核算对象上,财务会计以企业整体为核算对象,关注企业的整体财务状况和经营成果。管理会计则可能将核算对象细化到企业内部的各个部门、产品或项目,以便更精确地分析和管理。

第四,在核算方法和要求上,财务会计遵循严格的会计准则和制度,强调客观性和可验证性,确保财务报告的公正、真实和完整。管理会计则更注重灵活性和实用性,可以采用多种方法和工具进行数据分析,以满足不同管理决策的需求。

第五,在责任方面,财务会计主要承担对外报告的责任,确保财务报告的合规性和准确性。管理会计则更多地承担内部管理的责任,通过提供有价值的信息和建议,帮助管理层做出更明智的决策。

第六,在编制时间上,财务会计通常遵循固定的报告周期,如季度报告、年度报告等,以便及时对外披露财务信息。管理会计则可以根据企业内部管理的需要,灵活安排报告的编制时间和频率。

当然,财务会计与管理会计之间的联系极为紧密,尽管它们在某些方面存在显著的差异。这两种会计形式均源自同一会计体系,它们相互依存、相互制约,并相互补充,共同构成了现代企业会计体系中不可或缺的有机组成部分。

（二）会计的含义

会计这一职业活动在我国古代的西周时期就已出现，其基本功能涉及对财务收支活动的详细记录、精准计算、深入考察及严密监督。在清代，学者焦循在其著作《孟子正义》中，对"会"与"计"二字进行了深入的剖析，他解释道："零星算之为计，总合算之为会"。这一解释不仅揭示了会计工作的基本方法，即进行个体层面的详细核算，还指出了需要将这些个体核算汇总起来，进行系统、全面且综合的考量。

然而，这仅仅是对于会计工作外在表现形式和方法的阐述，它并未触及会计的本质或深层次的含义。会计，其实质是一种运用特定的方法、手段和程序，对企业或组织的经济活动进行连续、系统、全面的记录、计量、分类、汇总、分析和报告的管理活动，目的在于帮助相关决策者和信息使用者更加准确、客观地理解经济活动的过程与结果，为科学决策提供依据。会计的职责远不止于简单的数字处理，它更是企业运营中不可或缺的一环，对于保障企业健康、稳定发展具有举足轻重的作用。

1. 会计是一个信息系统

会计是一个复杂而关键的信息系统，其核心在于将企业的经济数据转化为有价值的财务信息，以支持各种经济决策。会计目标明确了为何以及为谁提供这些信息，这是会计理论体系的基础和出发点。

在企业内部，管理层无法仅凭直觉或日常观察来全面了解企业的运营状况。他们需要会计系统来记录、分类、汇总和分析企业的经济业务，从而生成简洁明了的财务报告。会计信息的需求远不止于企业内部。投资者、债权人、政府管理部门以及其他与企业有经济关系的组织和个人，都需要依赖会计信息来评估企业的财务状况、经营成果和现金流量。这些信息对于他们做出投资决策、信贷政策、管理规定等都具有重要意义。

会计信息系统的功能不仅限于处理历史数据，它还能提供预测和规划功能，帮助企业应对未来的经济挑战。通过会计预测子系统，企业可以基于当前和未来的经济数据生成预测报告，为企业的战略规划和决策提供有力支持。

除了财务会计信息,会计系统还提供管理会计信息,如预算、成本控制、绩效评估等,这些信息对于企业内部管理至关重要。

2. 会计是一种经济管理活动

会计不仅仅是一个信息系统,更是一种重要的经济管理活动。它起源于人类社会对资源配置的需求,特别是在资源有限而需求无限的环境下,会计的出现成为必然。会计通过精确计量和计算经济活动的过程与结果,帮助我们科学地评价经济上的得失,从而为合理的资源配置提供决策依据。

会计的发展是与管理需求紧密相连的。会计的管理活动涉及规划、组织、实施、检查等多个环节。在这些过程中,会计不仅生成信息,还利用这些信息对价值运动进行组织、控制、调节和指导。通过这种方式,会计引导经济活动在权衡利弊、比较得失的基础上追求经济效益的最大化。

会计在管理中扮演着双重角色。它既是信息的提供者,为管理决策提供依据;同时,它也直接参与到管理决策与控制中,发挥着积极的作用。这种双重角色使会计在经济管理中具有不可替代的地位。

(三)会计的特点

1. 客观性

会计的客观性是指会计工作必须基于客观事实和数据进行,确保会计信息的真实性和可靠性。这是会计工作的一项基本原则,也是会计信息质量的重要特征之一。

会计的客观性主要体现在以下几个方面。

第一,数据来源的客观性。会计记录和报告的数据必须源于实际发生的经济业务。这意味着会计数据不能凭空捏造或主观臆断,而应基于真实的交易和事项。

第二,记录方式的客观性。会计人员在记录经济业务时必须遵循规定的会计准则和会计制度,采用统一的会计方法和程序。这样做可以确保会计信息的可比性和一致性,减少主观因素对会计信息的影响。

第三,信息披露的客观性。会计报告应客观反映企业的财务状况、经营成果和现金流量。报告中的信息不应被歪曲或粉饰,而应真实、公正地展现企业的实际情况。

第四,审核监督的客观性。会计工作应接受独立的第三方审核和监督,以确保会计信息的客观性和准确性。这种审核和监督通常由专业的审计机构进行,他们会按照规定的审计程序和方法对会计信息进行核查和评价。

2. 价值性

会计的价值性主要体现在以下几个方面。

第一,会计以货币为主要计量单位,通过专门的方法和程序,对企业和其他组织的经济活动进行全面、连续、系统的核算和监督。这种核算和监督过程生成的经济信息,对于组织内外部的决策者都具有重要的参考价值。

第二,会计提供的财务报表和分析工具是管理者进行经济决策的重要依据。比如,通过资产负债表、利润表和现金流量表等财务报表,管理者可以了解企业的财务状况、经营成果和现金流量情况,从而做出更明智的投资、融资和经营管理决策。

第三,会计信息的准确性和及时性有助于管理者及时发现问题和潜在风险,如成本超支、收入下降或资产负债不匹配等。通过对这些问题的识别和分析,企业可以采取相应的纠正措施,避免或减少经济损失。

第四,会计提供的财务信息增加了利益相关者(如投资者、债权人、供应商等)对企业的信任。同时,遵守会计准则和法规的财务报告也确保了企业的合规性,降低了法律风险。

第五,会计在预算编制和控制方面发挥着关键作用。通过预算与实际业绩的对比和分析,会计帮助管理者进行资源分配和预算控制,确保企业资源的有效利用。

3. 系统科学性

第一，会计工作能够及时记录和反映企业的经济活动。这意味着每当有经济业务发生时，会计都会迅速地进行记录和处理，确保信息是最新的。这种及时性对于企业决策非常关键，因为它允许管理者根据最新的财务数据进行决策，从而更加准确地把握市场动态和企业状况。

第二，会计记录是连续的，它跟踪和记录了企业经济活动的整个过程。这种连续性确保了会计信息的完整性和可追溯性，使企业能够监控其财务状况的变化，并据此做出相应的调整。连续性也意味着会计记录不会因时间的推移而中断，从而为企业提供了一个长期、稳定的信息来源。

第三，会计工作涵盖了企业所有的经济活动，无论是收入、支出、资产还是负债等各个方面。这种全面性确保了管理者能够全面了解企业的财务状况和经营成果，进而做出全面的决策。全面性的会计信息也有助于发现可能存在的问题和风险，从而及时采取措施进行防范和应对。

第四，会计工作遵循一套系统的方法和程序进行记录和报告。这意味着会计信息是按照一定的结构和逻辑进行组织和呈现的，便于理解和分析。系统性的会计信息不仅提高了工作效率，还使不同部门之间能够更有效地进行沟通和协作。

二、会计信息

现代社会可谓是一个高度信息化的时代，信息的种类繁多且纷繁复杂，而各类信息的使用者也不尽相同。在这些海量的信息中，每一条都在一定程度上影响着人们的决策过程。会计信息作为这众多信息中的一类尤为关键，它精准地反映了企业或单位的财务活动全貌。

由于会计信息的使用者可以划分为企业外部使用者与企业内部使用者两大群体，因此，会计报告的侧重点也有所不同。主要面向企业外部使用者的会计报告被称为财务会计报告，它着重于提供能够反映企业整体财务状况和经营成果的信息；主要服务于企业内部使用者的会计报告则被称为管理会计报告，它更加注重提供能够辅助企业内部管理和决策制定的信息。这两种报告相辅相成，共同构成了企业会计信息传递的完整体系。

(一)财务会计报告

财务会计报告作为一套全面而详尽的财务信息展示工具,由会计报表、会计报表附注以及财务情况说明书三部分核心内容构成,它们之间紧密相连,形成一个完整且协调的有机整体。其核心——会计报表,是传递企业财务状况、经营成果及现金流量的重要窗口。

企业对外披露的会计报表体系颇为繁复且多样,涵盖了诸多重要信息,其核心部分主要由资产负债表、利润表以及现金流量表三张关键报表构成。此外,还包含了一系列与之紧密相关的辅助报表,诸如资产减值准备明细表、利润分配表、所有者权益(或股东权益)增减变动表以及分部报表等。这些报表在内容上既相互交织、互为补充,又各有侧重、各有特色;它们之间的各项指标相互衔接、相互印证,共同构建了一个完整而系统的指标体系。通过这一指标体系,能够更加全面、深入地揭示会计信息的内在本质和深层含义,为企业的决策者、投资者、债权人等各方利益相关者提供更为准确、详尽的财务信息,进而促进企业的健康发展和可持续运营。

会计报表附注作为对报表内容的补充与解释,旨在帮助报表使用者更深入地理解报表所反映的会计信息。通过对报表相关项目的解释和补充说明,附注能够增强报表的可读性和透明度,进而提升会计信息的质量和价值。《企业会计制度》对会计报表附注的主要内容进行了统一规范,确保了附注信息的准确性和一致性。

财务情况说明书则是一份对企业一定时期内财务状况进行全面分析总结的书面报告。根据《企业财务会计报告条例》的规定,财务情况说明书应当至少涵盖以下几个方面:企业生产经营的基本情况、利润实现及分配状况、资金增减与周转情况,以及对企业财务状况、经营成果和现金流量产生重大影响的其他事项。这份报告为报表使用者提供了更为详尽和深入的会计信息,有助于他们更全面地了解企业的财务状况和经营成果。

总之,财务会计报告通过其丰富的内容和多样的表现形式,为报表使用者提供了全面、准确、及时的财务信息,有助于他们做出更为明智的决策。

（二）管理会计报告

管理会计报告，其核心组成部分涵盖了一系列多样的管理会计报表。这些报表不仅涵盖了企业精心编制的各项预算表，还囊括了责任中心所精心整理的各期实绩报告等关键内容。鉴于其主要服务对象是企业内部各级管理人员，因此，这些报表在内容和格式上并未设定统一标准，也无须遵循固定的编制周期。相反，它们的生成完全依据企业管理的实际需求而灵活调整。

在指标的选择上，管理会计报告亦不受会计准则或统一会计制度的束缚。相反，它更多地依据管理人员的实际需求，采用经济决策理论和数学公式等多种方法和工具。这种灵活性使管理会计报告能够更好地满足企业内部管理的多样化需求，为企业的战略决策和日常运营提供有力的支持。

（三）二者的区别

首先，从使用者的角度看，财务会计报告与管理会计报告之间的区分并非绝对，而是具有一定的相对性。一般而言，财务会计报告的主要用户群体集中在企业外部，包括投资者、债权人、政府机构等，这些用户需要通过该报告了解企业的财务状况和经营成果。但这并不意味着财务会计报告在企业内部毫无用处，实际上，企业内部的管理层和其他相关部门也会利用这些信息进行内部管理和决策。同样地，管理会计报告主要服务于企业内部的管理层和员工，用于支持企业的战略规划和日常运营。

其次，财务会计报告与管理会计报告在内容和结构上呈现出一定程度的交融性。财务会计报告所提供的财务信息，往往构成了管理会计报告的数据基础和重要来源。通过深入分析和加工财务会计报告中的数据，管理会计能够提取出对企业管理决策具有指导意义的信息，进而支持企业的战略规划和业务发展。

三、会计信息使用者

（一）企业投资者

企业投资者是会计信息的关键使用者,他们依赖准确、及时和透明的会计信息来评估其投资的完整性和报酬,了解企业资本结构变化,并预测未来获利能力及利润分配政策。投资者需要会计信息具备准确性、及时性和透明度,以确保能全面了解企业的真实财务状况、业务模式和潜在风险,从而做出明智的投资决策。通过分析会计报表中的盈利能力、成长性、现金流及负债水平等指标,投资者能够评估企业的长期价值和风险,进而调整投资策略,保护自身利益并寻求最大回报。因此,会计信息对投资者而言是制定投资策略、规避风险和实现投资目标不可或缺的重要依据。

（二）企业债权人

债权人作为企业信贷资金的提供者,在企业的资金运作中占据着举足轻重的地位,其提供的信贷资金构成了企业资金来源的重要支柱。债权人提供信贷资金的目的十分明确,旨在根据约定的条件和期限,实现本金的完整回收和稳定的利息收入。

为实现这一目的,债权人对于企业还款能力的准确把握显得至关重要。为此,债权人需要深入了解企业负债的构成情况,包括负债的种类、期限、利率等细节,以便对企业未来的偿债压力进行充分预估。同时,债权人还需对企业的资产结构与流动性进行全面剖析,以评估企业资产的质量、变现能力以及对企业偿债能力的支撑作用。

除此之外,债权人还需对企业的会计信息进行综合评价,以揭示企业的盈利能力、运营效率以及产生现金流量的能力。通过对这些关键指标的分析,债权人可以更加准确地判断企业的财务状况和还款能力,从而为企业贷款决策提供有力支持。

基于以上分析,债权人在做出向企业提供贷款、维持原贷款数额、追加贷款或是改变信用条件的决策时,将能够更加科学、合理地进行权衡和选择,以实现自身利益的最大化。

(三)国家政府部门

国家作为国民经济的管理者,承担着宏观经济的调控与管理的职责。与此同时,企业则构成了国民经济的微观基础,犹如细胞之于生物体。为了有效地制定并实施宏观经济管理的调控策略,国家必须深入了解企业的资源配置状况、经济效益的优劣等关键会计信息。这些信息不仅能够揭示企业的运行状态,还能为国家的宏观经济决策提供有力的数据支撑。此外,在当前的经济格局中,国家仍然是国有企业的主要甚至唯一投资者。身为投资者,国家同样需要依赖于会计信息来评估企业的运营绩效、预测未来的发展趋势,并据此做出明智的投资决策。

对于那些受国家委托,负责组织和管理经济活动的政府有关部门,如财政部门、税务部门以及证券监管部门等,企业的会计信息同样具有不可或缺的重要性。这些部门在履行职责的过程中,需要充分了解企业的财务状况、经营成果和现金流量等会计信息,以便更好地指导企业发展、监管市场秩序。

以税务部门为例,为了合理确定所得税征收中的应纳税所得额以及流转税征收中的流转额,税务部门需要特别关注与企业利润和收入密切相关的会计信息。通过深入分析这些数据,税务部门能够确保税收征收的公正性和准确性,为国家的财政收入提供稳定保障。

同样地,证券监管部门也对企业会计信息的质量提出了严格要求。这些部门特别关注上市公司披露的会计信息是否真实、充分,是否存在误导投资者的风险。通过加强对上市公司会计信息质量的监管,证券监管部门能够维护证券市场的公平、公正和透明,保护投资者的合法权益。

由此可见,真实可靠的会计信息不仅是国家制定宏观经济调控和管理策略的重要依据,也是政府有关部门履行职责、维护市场秩序的必要条件。因此,企业应当加强会计信息的披露和质量控制,为国家的经济发展和社会进步提供有力支持。

第一章 大数据基本理论与会计信息发展

（四）企业管理当局

会计信息能够全面反映企业的运营状况，揭示潜在的风险与机遇，为管理层提供决策支持。通过对这些信息的深入分析，企业可以更加精准地把握市场动态，优化资源配置，提升运营效率，从而确保企业稳健发展，实现长期价值最大化。因此，企业管理当局应当加强对会计信息的收集、整理和分析工作，确保信息的准确性和及时性，为企业的管理决策提供有力支持。同时，还应注重提高财务管理水平，完善内部控制体系，强化风险防范措施，以保障企业健康发展，实现长期繁荣。

（五）企业职工

企业职工是会计信息的重要使用者，他们通过会计信息全面了解企业的经营状况，包括财务状况、盈利能力和现金流情况，从而更好地理解企业运营模式和市场定位。同时，会计信息也为职工提供了评估自身工作表现的数据支持，帮助他们更客观地认识自己的工作成果和效率。此外，通过分析会计信息，职工还能预测自己的职业发展，判断企业的发展趋势和行业前景，为职业规划提供参考。更重要的是，会计信息使职工有机会参与到企业决策过程中，如成本控制和预算管理，同时也为企业制定激励机制如奖金和晋升机会提供依据。因此，会计信息对于企业职工的个人发展和职业规划具有不可或缺的价值。

对于上市公司而言，会计信息的使用者范围则更为广泛，包括证券分析师、广大投资者及一般社会公众等。此外，经济学家在研究和分析过程中亦离不开对企业会计信息的有效利用。

综上可知，会计信息的作用至关重要，它不仅影响企业的内部管理，更是多方利益相关者了解、分析乃至评估企业运营状况的重要依据。

四、会计信息生成方法

会计目标的实现依赖于会计职能的充分发挥和会计报表的精准展现，旨在向各类信息使用者提供其决策所需的相关会计信息。这些会计信息内容广泛，涵盖企业的财务状况信息、经营成果信息以及现金流量信息等，均对企业运营和发展有着至关重要的参考价值。

这些信息的生成并非易事，它们源于会计循环过程的精细运作。会计循环，作为企业会计工作的核心流程，涉及一系列复杂而有序的会计处理程序。在一个会计期间内，企业发生的各类经济业务均需通过填制和审核凭证、记账、对账、试算、结账以及编制会计报表等环节进行严谨处理。这些步骤紧密相连，形成一个完整的循环体系，确保了会计信息的准确性和可靠性。

这一循环过程始于每一会计期间的期初，贯穿于整个会计期间，直至会计期末结束。随后，新的会计期间又将开始新的循环，如此周而复始，不断推动着企业会计工作的持续发展。企业根据自身经营特点和需要，可以设定不同的会计期间长度，而会计循环的历时也将随之调整。例如，若企业按月结账和编制会计报表，则会计循环将历时一个月，以此类推。通过对会计循环的精细运作和不断优化，企业可以更有效地提供高质量的会计信息，为各类信息使用者提供有力的决策支持，进而推动企业实现稳健、可持续发展。

会计循环如图 1-1 所示。

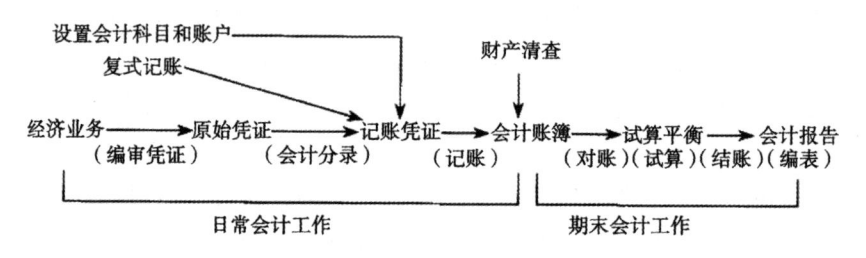

图 1-1 会计循环图

五、会计信息系统结构

财务运营系统、财务核算系统、资金管理系统共同构成了会计信息系统的核心结构，支持着企业财务活动的各个方面，从基础的财务交易处理到复杂的税务筹划和核算，为企业提供全面、准确的财务信息，以助力决策制定和业务发展。会计信息系统主要结构如图 1-2 所示。

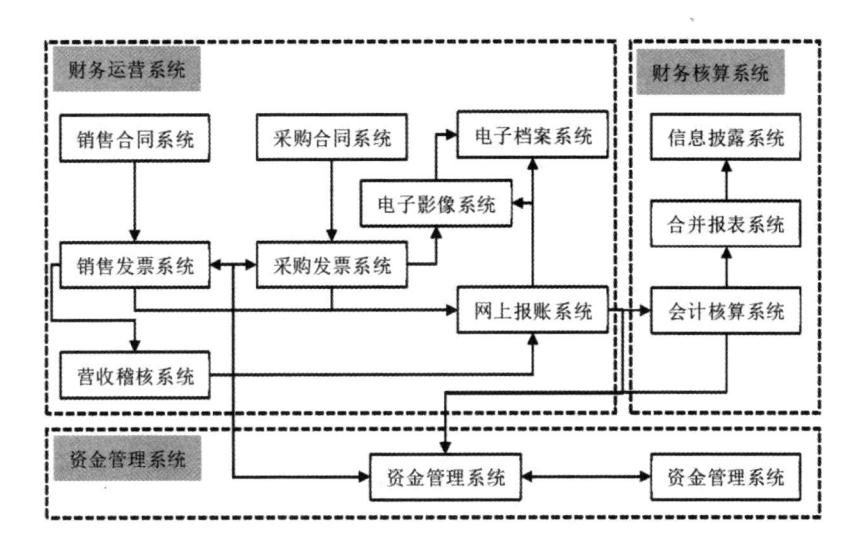

图 1-2 会计信息系统主要结构

（一）财务运营系统

财务运营系统是财务作业级信息系统，其主要结构如图 1-3 所示，旨在高效、准确地处理财务基础交易业务，实现财务流程的自动化与智能化。

财务运营系统通过替代传统的手工操作方式，显著提升了财务处理的效率和准确性。该系统与业务信息系统实现了直接对接，能够实时收集、记录和处理各类交易事项所产生的数据，确保了财务信息的及时性和准确性。同时，系统还具备强大的分类统一管理功能，对各类财务数据进行归类整理，便于后续的存档和查证工作。

在财务运营系统的各个子系统中，合同管理系统发挥着至关重要的作用。它与业务系统中的销售、采购管理系统实现了无缝对接，能够实时获取合同信息，并据此进行财务处理。此外，生产管理系统和人力资源系统等其他业务系统则越过财务运营系统，直接与财务核算系统中的会计核算系统进行对接，实现了财务与业务的深度融合。

通过财务运营系统的运用，企业可以更加高效地进行财务管理和决策分析，提升企业的竞争力和市场地位。同时，系统还具备高度的可扩展性和灵活性，能够根据企业的实际需求进行定制化开发，满足不同行业的财务管理需求。

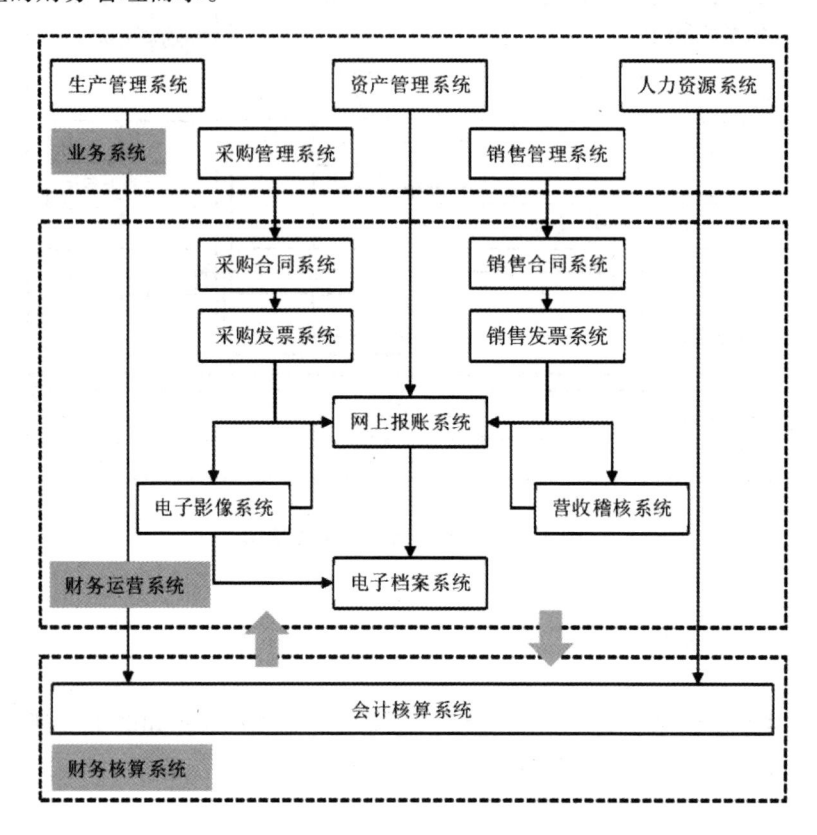

图 1-3 财务运营系统的主要结构及信息流转关系图

（二）财务核算系统

财务核算系统由三大子系统构成：会计核算系统、合并报表系统以及信息披露系统。

财务核算系统是企业财务管理的关键组成部分，而会计核算系统则是其核心。该系统涵盖了企业日常会计事务的处理，包括账套建立、会计科目设置、凭证制作与记账等一系列功能。通过会计核算系统，企业能够确保每一笔交易的准确记录，从而维护财务数据的完整性和精确性。这不仅有助于企业内部的财务管理，也为外部审计和税务申报提供了可靠的基础。

对于拥有多个分支机构或子公司的企业而言，合并报表系统的重要性不言而喻。该系统能够高效地整合来自不同分支的财务数据，自动生成多维度的合并财务报表。通过这些报表，企业管理层可以迅速获取整个集团的财务状况和经营成果概览，为战略规划和决策提供数据支持。合并报表的准确性和效率直接关系到企业集团层面的财务透明度和管理效率。

信息披露系统则承担着企业财务信息对外披露的重任。该系统根据相关法律法规和规范，自动生成对外披露的财务报表、附注等重要财务信息。这些信息不仅关乎企业的信誉，也是企业与投资者、监管机构沟通的重要桥梁。通过信息披露系统，企业能够确保自身财务信息的透明度，维护良好的投资者关系，同时遵守相关法律法规，保障企业合规运营。

这三个子系统的协同工作，财务核算系统能够高效、准确地完成财务信息的处理与披露，为企业决策提供有力支持。

财务核算系统的主要结构及信息流转关系如图 1-4 所示。

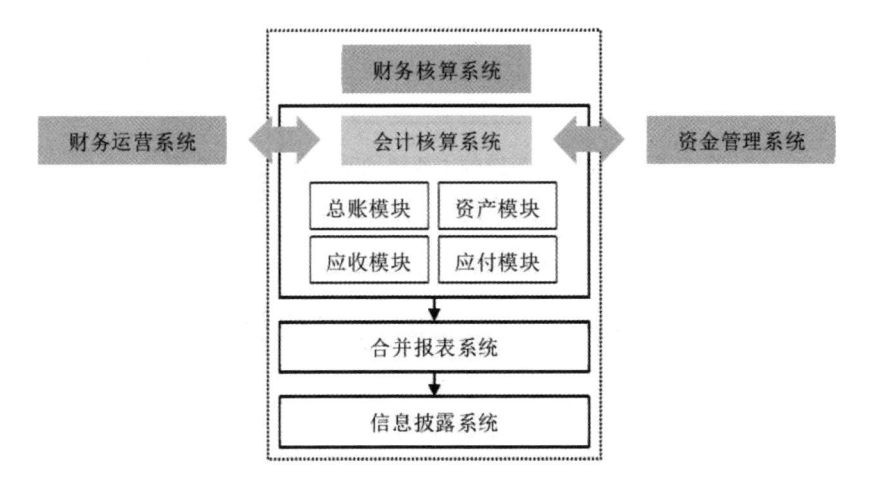

图 1-4　财务核算系统的主要结构及信息流转关系图

（三）资金管理系统

资金管理系统作为一个集成化的信息系统，致力于实现资金全流程的精细管理。该系统涵盖了多个核心模块，包括账户管理、资金结算管理以及现金流管理等，从而能够全面覆盖销售、采购、资金流入与流出等资金运动全过程的业务活动。

通过与业务层、核算层的会计核算系统紧密协作,以及内部银企互联系统的有效对接,资金管理系统能够实现对资金使用计划、资金调拨以及资金结算等关键环节的全面运作管理。这使企业能够更为高效地管理账户信息,监控资金流动情况,确保资金使用的合规性和有效性。

此外,资金管理系统还具备银企对账、票证管理、债务管理以及外汇管理等功能,为企业提供了一站式的资金管理解决方案。这些功能的引入不仅提高了企业资金管理的效率,也降低了管理成本,为企业的发展提供了有力的支持。

资金管理系统的主要结构及信息流转关系如图 1-5 所示。

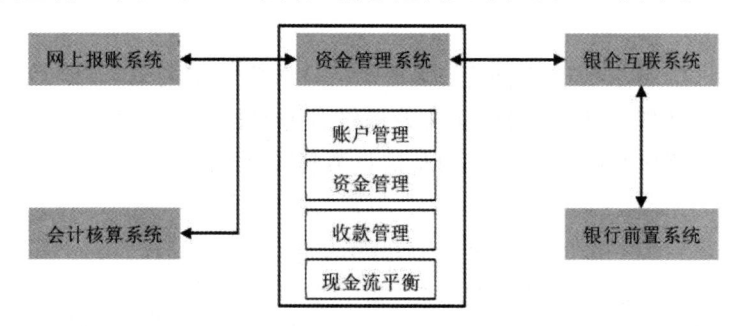

图 1-5 资金管理系统的主要结构及信息流转关系图

第三节 大数据的使用及价值

一、大数据的使用

(一)数据资源采集与转化

1. 数据资源的采集

数据资源采集,作为数据分析和应用的首要步骤,是获取和汇聚数据的关键过程。为实现这一目标,可采用多种方法,如利用网络爬虫技术,自动抓取互联网上的大量信息;通过传感器实时采集环境数据,为气象预测、环境监测等提供重要依据;发放调查问卷,深入了解受访者的观点和需求;通过数据库查询,便捷地提取企业组织内部的数据;以及通过文献调研,获取前人的研究成果和信息。这些方法共同构成了数据资源采集的丰富手段。

2. 数据资源的转化

数据资源的转化是将采集的原始数据变为有价值的信息或知识。这一过程涵盖数据存储、处理、分析和应用等环节。首先,需妥善保存和管理采集的数据,可能涉及分布式存储系统或云存储服务。其次,对数据进行清洗、转换和集成,以提升数据质量。数据分析是核心,通过统计、机器学习和数据挖掘技术深入挖掘数据价值。最终,将这些分析成果应用于业务决策、产品改进和市场营销等方面,实现数据洞察到业务价值的转化。这一系列流程共同促进了数据资源的有效利用和增值。

(二)大数据的发展趋势分析

当前阶段,大数据技术已广泛渗透到各行业的每个角落,许多国家纷纷将大数据与人工智能技术深度融合,使二者的优势相得益彰。在我国,大数据技术更是取得了飞速的进展,其应用范围不断拓展,这是一个循序渐进的过程,这一过程紧密跟随着数据分析应用的不断发展。深入探讨大数据应用的发展历程,可以从技术层面、数据范畴和应用层面三个维度来进行剖析。

从技术层面来看,大数据应用的发展经历了从简单描述性分析,如报表展示,到深度关联性、预测性分析的逐步转变。如今,随着技术的不断进步,大数据应用已经迈入了决策性分析技术的新阶段,为企业提供了更为精准、有效的决策支持。

在数据范畴上,大数据应用逐渐从单一、局限于企业内部的小数据范畴,拓展到涵盖多种来源、内外交融的广阔大数据领域。这种变化不仅使数据的多样性显著提升,同时也使数据体量呈指数级增长。

在应用层面,传统的数据分析主要扮演着辅助决策的角色,其影响力虽然不容忽视,但尚未成为主角。然而,随着大数据应用的广泛普及,数据分析的重要性逐渐凸显,已经跃升为核心业务系统中不可或缺的关键环节。在如今的社会中,无论是生产、科研还是行政等各个领域,数据驱动的决策已经成为一种普遍现象。数据成为组织决策的基石,推动着组织向真正的数据驱动型转变。数据分析不再仅仅是提供辅助信息,而是成为组织制定战略、优化流程、提升效率的核心手段。此外,随着技术的不断进步和应用的深入拓展,数据分析的潜力和价值也在不断被挖掘和释放。通过深入分析海量数据,能够发现隐藏在其中的规律和趋势,为组织的未来发展提供有力的数据支撑。因此,数据分析已经成为组织不可或缺的一部分,对于提升组织竞争力、实现可持续发展具有重要意义。

1. 大数据安全防护重点将转向综合治理

在现今的大数据时代,数据展现出诸多新颖的特性,同时企业运营模式也在持续变革,这些日新月异的变化对数据安全防护技术提出了更为严苛的挑战。传统的数据安全防护手段,在面对大数据环境的复杂性和动态性时,往往显得力不从心,难以满足实际的需求。

目前,大数据安全防护市场尚处于快速发展阶段,其规模具有广阔的拓展空间。同时,尽管数据安全防护的重要性日益凸显,但企业在该领域的投入相对不足。这使大数据安全问题,特别是人为因素所导致的数据泄露、滥用等风险,日益严峻。

因此,构建一套完善的大数据安全防护体系显得尤为迫切。这个体系应当涵盖数据的全生命周期,从数据的采集、存储、处理到应用,都要有相应的安全防护措施。同时,还应加强对人为因素的防范,通过加强人员培训、完善管理制度等手段,降低人为因素导致的数据安全风险。

2. 政府大数据将实现精确监管、便捷服务

在国内,大数据的应用已经从传统的信息化建设阶段,逐步深化至数据整合和高效利用的数据应用层面。政府部门作为关键的数据持有者和管理者,既肩负着保障数据安全的重任,又需妥善管理珍贵的数据资产,其中涵盖了大量的高价值公共数据。政府部门应充分利用大数

技术的前沿优势,深入挖掘数据的潜在价值,从而在交通规划、社会信用体系建设、城市大脑智能化发展以及数字政府转型升级等多个领域,为政府提供更加精准、高效的监管手段和个性化服务支持。

通过大数据技术的深度应用,政府部门能够更有效地整合和分析各类数据资源,实现决策的科学化、监管的精准化以及服务的智能化,进一步提升政府的综合治理能力和现代化水平,为构建更加智慧、高效的数字政府奠定坚实基础。

3. 金融大数据逐步走向安全高效、创新服务

当前,大数据在金融领域的应用已然成为一股不可忽视的潮流,其应用范围和深度都呈现出不断拓展的态势。随着金融监管体系的日益健全与完善,"强管控"逐渐成了金融大数据的主流应用场景,为行业的稳健发展提供了坚实保障。

展望未来,金融大数据有着更为广阔的发展前景。它不仅能够汇聚来自不同渠道、不同维度的海量数据,还能够在这些数据的基础上开发出诸如信用评估、出行服务等一系列创新服务,为金融业的创新发展注入源源不断的活力。

以银行业为例,通过深入挖掘和分析大数据,银行能够更加精准地把握客户需求,进而为客户提供更加个性化、高效的服务。通过深度解读客户的消费行为、投资偏好等信息,银行可以为客户提供更加符合其需求的金融产品和服务,实现精准营销和精准服务。

此外,金融大数据还可以应用于金融反欺诈等领域,为金融安全提供更加有力的保障。通过对大量数据的分析和挖掘,可以及时发现和识别潜在的欺诈行为,有效防范和减少金融风险的发生。

4. 工业大数据将实现工业设备数据化、应用产品化

工业大数据,以电网和离散型制造业为核心,正日益成为推动工业现代化的重要力量。目前,其应用主要聚焦于设备故障预测、智能排产和库存管理等领域,旨在提升生产效率、降低成本并优化资源配置。然而,工业大数据的发展仍面临一系列挑战。

其中,解决方案的高昂成本是制约工业大数据应用广泛推广的关

键因素之一。高昂的初始投资和持续的维护费用,使许多中小型企业望而却步,难以承担起工业大数据技术的引入和应用成本。此外,工业企业的数据意识相对较弱,许多企业尚未充分认识到数据资源的价值,缺乏有效的数据收集、分析和应用能力,这也限制了工业大数据的深入应用。

再者,工业互联网盈利模式的不明晰也阻碍了工业大数据的快速发展。目前,工业互联网的盈利模式尚未形成清晰且可持续的路径,导致许多企业在探索工业大数据应用时感到迷茫和不确定,缺乏明确的盈利预期和回报机制。

因此,在未来发展中,需要针对更精确的需求,实现从项目到标准产品的转变。通过降低技术成本、提升数据意识、明确盈利模式等措施,推动工业大数据应用的广泛普及和深入发展。同时,加强技术研发和人才培养,提升工业大数据技术的创新能力和应用水平,为工业现代化提供有力支撑。

5. 营销大数据将转向直接沟通、精细运营

在数字技术的强大助力下,营销大数据展现出了其独特的优势。通过大数据技术,商户能够直接与目标客户建立连接,实现精准的产品与服务推广。这种连接方式打破了传统的营销壁垒,使商户的信息能够更准确地传达给潜在客户,从而进一步推动了大数据在商业领域的广泛应用。

营销大数据的应用使商户能够更精准地把握用户需求,提供个性化的产品和服务,从而增强用户黏性,提升用户满意度。同时,通过对数据的深入分析和挖掘,企业可以更加准确地预测市场趋势,优化资源配置,提升运营效率。因此,营销大数据的精细化运营不仅有助于企业提升商业价值,还能够为企业带来更长远的竞争优势。在未来的发展中,营销大数据将继续发挥重要作用,推动企业实现更加高效、精准的商业变现。

6. 大数据将实现疫情防控全要素、全过程准确监测

在应对重大公共事件危机管理的过程中,大数据技术发挥着至关重

要的作用,这一点在诸如埃博拉、登革热、禽流感等疫情中得到了充分验证。特别是在新冠疫情防控工作中,大数据技术的运用更是凸显了其独特而重要的作用。

在新冠疫情防控中,大数据技术不仅为病毒溯源与深入分析提供了有力支持,还在疫情监测与研判方面发挥了关键作用。通过大数据分析,能够实时掌握疫情的传播趋势,及时预警潜在的风险点,从而采取针对性的防控措施。此外,大数据还在远程医疗诊疗方面发挥了重要作用,为疫情期间无法前往医院的患者提供了便捷的医疗服务。

随着大数据技术的不断发展,其在疫情防控中的应用将更加精准和高效。通过建立健全流行病学数据系统,大数据可以实现对疫情全要素、全过程的监控与分析,为政府决策提供有力支持。同时,大数据在监测、排查、救治和预测等方面的准确度也将得到进一步提升,为疫情防控工作提供更加全面、精准的支撑。

(三)大数据使用中的主要问题

1. 庞大信息数据的迷惑性

庞大的信息数据具有显著的迷惑性,这一点在当前信息社会愈发凸显。

计算机以其强大的处理能力,能够迅速整理、上传并共享信息,使人们能够通过多种途径快速搜寻到所需内容。这种搜寻方式不仅多样化,而且效率极高,极大地提升了信息获取的便捷性。然而,在如此海量的数据中,真伪难辨成了一个突出问题。

互联网充斥着各种思想观念与价值观念,其中不乏不良的内容。这些不良思想对于青少年儿童的影响尤为严重,可能对他们的身心健康产生负面影响。即便是已经具备一定辨别是非能力的成年人,也难以完全避免受到这些思想的影响。因此,在享受计算机和互联网带来的便利的同时,应当保持警惕,学会理性辨别信息,以免受到不良信息的侵害。

2. 复杂的网络容易泄露个人隐私

（1）个人信息被买卖

在当前的数字化时代，绝大多数的软件应用都要求我们提供真实的个人信息，否则就无法正常使用。然而，一些不良商家正是利用这一机制，通过收集并转卖用户的个人信息来谋取不正当的利益。当用户在使用这些软件时，不得不输入自己的个人信息，而这些信息随后可能被不良商家非法出售给其他人。

这种现象正是许多网络诈骗的根源所在。骗子利用这些泄露的个人信息，能够准确地说出受害人的相关信息，从而获取他们的信任。受害人在这种情境下往往容易放松警惕，最终落入骗子的圈套，遭受经济和精神上的损失。因此，在下载和安装软件时，必须保持高度警惕，确保所安装的软件来源可靠，并避免在不必要的情况下提供过多的个人信息。同时，也应该加强个人信息保护意识，定期检查和更新自己的隐私设置，以确保个人信息的安全。

（2）个人信息被无意泄露

在网络交往日益频繁的大数据时代，个人信息可能在不经意间暴露给那些别有用心的人。这些有心之人可能利用先进的计算机科技手段，对朋友圈发布的图片进行细致的背景分析。他们可以通过图片中的建筑特色、地标信息甚至是街道景象，推断出图片的大致拍摄地点，进而推测出发布人可能居住的地址范围。这样的信息一旦落入不法分子手中，后果不堪设想。

此外，在网络上浏览时也常常会遇到各种链接。有时候，一个看似无害的链接，背后可能隐藏着窃取个人信息的恶意程序。一旦我们轻信并点击了这些链接，个人信息便有可能在毫无察觉的情况下被窃取，给我们的生活带来极大的安全隐患。

因此，在享受网络交往带来的便捷与乐趣的同时，应当时刻保持警惕，注意保护自己的个人信息安全。避免在朋友圈等社交媒体上泄露过多个人信息，谨慎对待网络上的各类链接，确保我们的个人信息安全无虞。

3. 大数据采集导致的数据"孤岛"

数据"孤岛"指的是组织内部数据无法自由流通和共享,形成孤立的数据集合,主要由数据标准不统一、数据接口不开放以及缺乏有效的数据共享机制等因素造成。这种现象不仅会影响业务的高效运作,还可能导致决策失误、客户体验下降,并增加数据安全风险,降低整体运营效率。为了解决这一问题,企业需要建立全面的数据治理意识,进行数据清理和整合,建立数据标准和元数据管理体系,并加强数据安全和权限管理,同时培养数据文化和引进数据人才,以实现数据的高效利用并促进企业良好运营。

4. 大数据分析实时处理不相适应

数据分析作为大数据领域的核心组成部分,其重要性不言而喻。在原始状态下,大数据的数据集往往显得杂乱无章,缺乏明确的意义。然而,当我们运用专业的技巧将这些多样化的数据集进行整合与关联,并通过深入地分析挖掘,便能从看似无用的数据海洋中提炼出有价值的数据结论。

传统的数据分析模式往往以结构化数据作为分析的主要对象,然而,在大数据的时代背景下,数据的异构性达到了前所未有的高度。大数据集不仅包含了结构化数据,还涵盖了大量的半结构化和非结构化数据,且后者在数据集中的比例日益增加,这种变化对传统分析技术构成了巨大的挑战和冲击。

二、大数据的应用价值

(一)大数据的时代应用价值

大数据作为一种海量的数据集合,呈现出其独特的特性,主要包括规模宏大、种类繁多、存取速度迅猛,以及潜藏着极高的应用价值。其发展的步伐之迅猛,可谓日新月异。通过对这些数量惊人、来源广泛、格式各异的数据进行高效的采集、存储以及深入的关联分析,人们得以发掘全新的知识、创造出前所未有的价值,并进一步提升了自身的能力。毫无疑问,大数据已然成为新一代信息技术的璀璨明星,以及推动服务业态创新的重要力量。

大数据作为数字化时代的新型战略资源,其在国家治理和经济社会发展的各个领域所发挥的作用日益凸显,其重要性不言而喻。面对大数据时代的浪潮,发达国家更是积极拥抱变革,将大数据的开发利用视为夺取新一轮产业竞争制高点的重要战略举措。他们不仅加大了对大数据技术的研发投入,还将发展大数据上升至国家战略的层面,以此来引领和推动本国经济的转型升级,以期在激烈的市场竞争中占据先机,引领未来的发展趋势。

(二)大数据的社会价值

大数据不仅在经济和科技领域展现出其价值,更在社会发展中起到了至关重要的作用。

1. 确保社会的稳定与持续健康发展

大数据技术对于社会稳定和健康发展的贡献不容忽视。通过智能化、高效化的数据处理,大数据技术能够迅速从海量信息中提炼出关键信息,为政府和社会各界提供决策支持。这种技术的运用不仅提高了社会对各种信息的包容性,为社会的平稳运行提供了数据保障,同时也成了维护社会稳定的重要因素。

2. 推动社会主义事业的蓬勃发展

在大数据技术的推动下,可以更加精准地识别社会需求,优化资源配置,促进社会公平与正义。特别是在扶贫领域,大数据技术能够帮助政府和企业更准确地识别贫困人口和需求,制定更有效的扶贫策略。通过电力生物生态链等创新模式,能够为贫困群体提供更有针对性的帮助,从而推动社会的整体进步和共同富裕。

3. 增强政府部门的公信力和自我监督能力

大数据技术为政府部门提供了全新的服务和管理工具。通过数据分析，政府能够更准确地了解民众需求，制定更符合民意的政策。同时，大数据技术还能提高政府的响应速度和服务效率，增强民众对政府的信任感。此外，通过实时监控和数据分析，政府可以更有效地进行自我监督，及时发现并纠正不当行为，从而提升政府的公信力和执政能力。

（三）大数据的产业价值

1. 提升信息数据处理效率

大数据技术以其强大的数据处理和分析能力，显著提升了信息处理的效率。

第一，大数据技术通过分布式计算框架，如 Hadoop 和 Spark，能够将大规模的数据集分割成小块，并在多个计算节点上并行处理。这种并行处理能力可以显著加快数据处理速度，提高信息处理效率。

第二，大数据技术支持实时数据流处理，如 Apache Kafka 和 Apache Flink 等工具可以实时收集、处理和分析数据流。这种实时处理能力使企业能够迅速响应市场变化，做出及时决策，从而提升信息处理效率。

第三，大数据技术通过采用列式存储、压缩技术以及索引优化等手段，提高了数据存储和检索的效率。例如，HBase 和 Cassandra 等列式数据库能够高效地存储和查询非结构化数据，而 Elasticsearch 等搜索引擎则提供了快速的全文检索功能。

第四，大数据技术通过数据挖掘和机器学习算法，能够从海量数据中提取有价值的信息并进行预测分析。这种能力不仅帮助企业更好地了解客户需求和市场趋势，还能优化业务流程，提高运营效率。

第五，大数据技术结合人工智能和自动化技术，可以实现数据处理的自动化和智能化。例如，通过自然语言处理（NLP）技术，可以自动提取文本数据中的关键信息；通过机器学习技术，可以自动识别数据中的模式和趋势。这些自动化和智能化技术大大提高了信息处理的效率和准确性。

2. 引领产业转型升级

大数据技术正在深刻影响着各行各业的运营模式和发展方向,成为引领产业转型升级的关键因素。大数据技术能够为企业提供海量的市场数据和用户反馈,使企业能够基于数据做出更科学、更精准的决策。例如,在制造业中,通过分析生产线上的数据,可以优化生产流程、提高生产效率;在零售业中,通过分析消费者购买行为和偏好,可以制定更精准的营销策略。

大数据技术结合人工智能等先进技术,推动了产业的智能化发展。在智能制造领域,大数据技术可以实现设备的智能监控、故障预测等,提高生产效率和产品质量。在智慧物流领域,通过大数据分析可以优化物流路径、提高配送效率。

大数据技术为企业提供了更多的创新机会。通过分析市场数据和用户需求,企业可以发现新的商业模式和产品创新点。同时,大数据技术还可以帮助企业进行用户调研和产品设计,从而推出更符合市场需求的新产品和服务。大数据技术可以实现对供应链各环节数据的实时监控和分析,帮助企业更好地协调供应商、生产商、分销商等各方资源,提高供应链的响应速度和灵活性。这不仅可以降低库存成本、减少缺货风险,还能提高客户满意度。通过数据共享和交换,不同产业之间可以实现资源的优化配置和互补利用,从而提高整个产业链的效率和竞争力。

此外,数据产业作为新兴产业的代表,正逐渐成为推动经济发展的重要力量。数据产业链涵盖了从数据采集、整合、加工到数据产品传播、流通和交易等多个环节,以及相关的法律和咨询服务。随着数据资源的不断开放和利用,人类在各个领域的能力都得到了显著提升。从全球气候变化监控到金融市场波动规律的发现,从疑难疾病的早期诊断到公共卫生决策的支持,都是数据资源开放利用所带来的丰硕成果。

第四节　大数据赋能背景下的会计信息发展

一、大数据环境与会计信息化建设分析

（一）大数据环境特点

1. 具有更大的信息容量

在考量大数据环境时，无论是从数据种类的丰富性还是数据数量的庞大性来看，它都无疑是传统数据的一个重要延伸与有力补充。众所周知，在通常情况下，我们习惯以 TB 作为单位来衡量数据的庞大体量，具体地说，1TB 等于 1024GB。当我们进一步将其换算成字符数量时，所得到的数字几乎令人瞠目结舌，展现了数据世界的无垠广阔。

在这个充满大数据的环境中，企业可以充分利用大数据资源，将各种类型的数据进行融合与协同使用。这种融合不仅有助于提升数据的价值，还能借助先进的信息处理技术，对各种数据处理方案进行精细化优化，从而为企业带来更为精准、高效的决策支持。

因此，大数据环境不仅为传统数据提供了更广阔的应用空间，还为企业带来了更多的商业机会和竞争优势。在这样的背景下，掌握大数据处理技术，充分利用大数据资源，将成为企业未来发展的关键所在。

2. 具有较为突出的关联性

实际上，大数据的处理能力堪称与人类大脑相仿，其在信息处理能力上较传统的数据处理手段具有显著的优势。以企业会计信息化工作为例，若我们依旧沿用传统的数据处理方式，那么记账信息往往会被简单地存储在 Excel 表格中，形成平面的数据展示。然而，在大数据的广阔背景下，我们得以采用更为先进和灵活的方式处理数据。

具体来说，大数据环境允许我们对数据进行多层次的分类存储，深入挖掘各类信息的内在关联和逻辑关系。这不仅意味着我们能够更加精准地捕捉和分析用户的特征，还能够在处理过程中展现出更强的逻辑性和关联性。相较于传统模式中机械地计算和存储表格内的信息，这种处理方式显然更加细致、全面和高效。

通过大数据处理技术的运用，企业不仅能够有效提升会计信息化的水平，还能够更好地挖掘和利用数据资源，为企业的决策和发展提供有力的支持。因此，随着大数据技术的不断发展和完善，其在企业信息化建设中的应用将越来越广泛，为企业带来更加深远的影响。

3. 具有很快的处理速度

在实际应用中，大数据处理技术囊括了流处理和批量处理这两种截然不同的处理模式。无论是采用哪一种处理方式，都能实现对数据的迅速、高效处理。

具体而言，流处理适用于实时性要求较高的场景，能够实时捕获、分析和响应数据流，从而在短时间内做出决策或调整。批量处理则更适用于大规模数据的离线分析，通过对历史数据的深入挖掘，为企业决策提供更加全面、精准的数据支持。

无论是流处理还是批量处理，大数据技术都在不断发展和完善中，为各行各业带来了前所未有的变革和机遇。随着技术的不断进步，相信大数据处理技术将在未来发挥更加重要的作用，推动社会发展和进步。

（二）会计信息化建设风险

1. 建设决策失误风险

现如今许多企业在实施过程中未能深入剖析自身的挑战与机遇，也未能明确制定长期且可持续的发展规划。因此，在会计信息化建设的道路上，这些企业往往缺乏明确的长远目标，未能从自身实际需求出发，审慎选择适合的供应商。这样的做法不仅可能使企业陷入供应商的误导之中,还可能导致企业对于真正需要解决的问题"熟视无睹",进而严重影响信息化建设的效果。

此外,值得注意的是,目前我国会计信息化建设尚处于初级阶段,许多企业在构建会计信息系统时,更多地依赖于引进国外成熟系统。然而,由于国内外市场环境、法律法规以及企业文化等方面的差异,这些国外系统在我国的实际应用中可能会遇到"水土不服"的风险。不仅可能影响到系统的稳定性和安全性,还可能对企业的日常运营和决策产生不利影响。因此,企业在选择会计信息系统时,应充分考虑系统的适应性和本土化需求,确保系统能够真正服务于企业的长远发展。

2. 专业人才队伍的匮乏

当前,会计信息化正处于迅猛发展的阶段,然而与之相应的专业人才队伍建设却显得尤为滞后且步履维艰。一方面,相关专业的课程设置和教学内容可能未能紧跟行业发展的最新趋势;另一方面,实践教学环节可能相对薄弱,导致学生缺乏实际操作能力。一些企业可能对会计信息化的重要性认识不足,因此在人才引进和培养方面的投入有限。导致企业内部缺乏具备会计信息化知识和技能的专业人才,难以有效推进会计信息化工作。由于一些企业对会计信息化人才的重视程度不够,或者提供的薪酬待遇和发展空间有限,导致这些人才流失到其他行业或企业,这进一步加剧了会计信息化专业人才队伍的匮乏问题。无疑对会计信息系统的长期发展与完善造成了十分不利的影响,限制了其在企业中的广泛应用与深入融合。

3. 数据安全面临严峻挑战

尽管网络科技的快速发展给人们带来了诸多便捷之处,但同样不能忽视其所带来的安全风险。特别是在会计信息系统方面,存在着诸多潜在的安全隐患。这些系统往往存在着一些漏洞,黑客和病毒等恶意势力会利用这些漏洞对系统进行攻击和破坏,导致会计信息的安全受到严重威胁。因此,一些企业出于对数据安全的顾虑,并未积极推进会计信息化建设。此外,在云会计服务领域,我国尚未制定出明确、统一的国家认可的安全标准,这也在一定程度上限制了云会计服务的发展。

（三）会计信息化风险分析

1. 缺乏深入的科学认识与完善的配套支持

尽管企业管理者能够从宏观战略的角度充分认识到会计信息化所蕴含的深远价值和重大意义，但在将其转化为具体实践操作的过程中，仍不可避免地遭遇了一些棘手的问题和挑战。举例来说，会计信息化建设并非一蹴而就的短期行为，而是一项需要企业持续投入与关注的常态化工作。包括对系统硬件的定期维护、对系统软件的及时更新等，以确保会计信息化平台能够稳定、高效地运行。

然而，当前许多企业在对待会计信息化方面呈现出一种"一次性投入"的心态。这些企业在前期投入大量资金用于采购硬件设备，以构建会计信息平台。然而，一旦平台建成，企业便认为任务已经完成，不再愿意继续投入资金进行后续的维护和管理。这种短视的做法往往导致会计信息化系统在运行过程中出现稳定性不足、兼容性较差等一系列问题。更为严重的是，如果在使用会计信息化系统的过程中突然出现故障或问题，那么不仅会影响企业的日常运营和决策效率，还会大大增加会计风险发生的概率。因此，企业应当充分认识到会计信息化是一项长期性、系统性的工程，需要不断完善和优化，以确保其能够为企业创造更大的价值。

2. 数据资源管理模式尚显单调

以数据的存储为例，那些涉及企业商业机密的财务资料、会计数据，通常被保存在物理服务器中。虽然企业会安装各类安全防护软件并启用防火墙等保护措施，然而面对日益复杂的网络环境和层出不穷的黑客攻击手段，这些防护措施仍然显得捉襟见肘。

一旦代理服务器遭受黑客攻击，存储在其中的会计信息很可能面临泄露的风险，进而给企业带来重大的经济损失和声誉损害。因此，单一的数据资源管理模式已经无法满足现代企业对数据安全性的要求，迫切需要寻求更加多样化和高效的管理模式来确保数据的安全与可靠。

3. 对会计人员职业培养的忽视

在大数据时代背景下,会计从业者必须不断提升自身专业技能和知识水平,以适应时代的需求,创新思维,不断开拓新领域。只有这样,才能在竞争激烈的职场中保持强大的竞争力。然而,尽管当前许多企业在会计信息系统建设上投入了大量精力,但往往忽视了在职会计人员的专业培训与提升。

举例来说,尽管企业的人力资源部门会定期组织会计人员进行培训,但培训内容的陈旧与缺乏新意却成了一个突出问题。这些培训往往未能及时融入会计信息系统开发的最新理念、财务软件操作技巧等现代会计知识,导致会计人员无法跟上时代的步伐,难以适应新技术的变革。

由于会计人员对会计信息系统的操作不熟练,一旦在操作中发生失误,很可能会给企业带来风险。这不仅可能影响到企业的财务状况,还可能对企业的正常运营产生不利影响。因此,企业必须高度重视会计人员的职业培养,加大培训力度,确保他们能够跟上时代的步伐,为企业的持续发展提供有力的支持。

4. 安全管理制度建设亟待加强

网络环境的复杂性和开放性使企业会计信息面临诸多安全威胁。黑客攻击、病毒传播、数据泄露等事件频发,给企业带来了巨大的经济损失和声誉风险。没有健全的安全管理制度,企业的会计信息就如同暴露在风险之中,随时可能遭受攻击。

随着数据保护法规的不断完善,企业对会计信息的保护不仅关乎自身利益,更是法律义务。例如,许多国家和地区都实施了严格的数据保护法律,要求企业必须对个人信息进行妥善保护。违反这些法规可能导致重大的法律后果,包括罚款、信誉损失甚至刑事责任。因此,建立符合法规要求的安全管理制度迫在眉睫。

在信息化时代,会计信息是企业运营的核心数据之一。一旦这些数据遭受破坏或丢失,将对企业的正常运营造成严重影响。通过建立健全的安全管理制度,包括数据备份、灾难恢复计划等,可以确保企业在面临突发事件时能够迅速恢复业务,减少损失。

完善的安全管理制度不仅有助于抵御外部威胁,还能加强企业内部管理,防范内部风险。通过明确的权限设置、操作规范和审计流程,可以减少人为错误和内部欺诈的可能性,提高企业的整体风险控制能力。

因此,企业必须加强安全管理制度的建设,特别是在电子数据保管方面,应制定详尽的规章制度和操作指南,确保会计人员能够充分掌握和应用数据加密保护技术,并养成定期备份数据的良好习惯。同时,企业还应加强网络安全防护,提升系统抵御外部攻击的能力,从而全面保障会计信息的安全性和完整性。

二、大数据对会计信息化运行影响分析

(一)构建企业资源共享平台,促进会计工作优化与发展

长久以来,会计工作在企业中扮演着至关重要的角色,其历史可追溯至数百年前,是企业运营中不可或缺的一部分。在当今时代,信息技术迅猛发展,经济市场的竞争亦日益激烈,企业唯有紧跟时代步伐,不断创新与变革,方能确保在激烈的市场竞争中保持领先地位。

通过数据信息共享平台,会计工作人员能够随时获取所需的数据资源,根据实际情况灵活调整工作内容和方法。不仅有助于提升会计工作的质量和效率,还能促进企业整体运营水平的提升。因此,构建企业资源共享平台对于推动会计工作优化与发展具有重要意义。

(二)有效降低企业会计信息化成本

对于众多企业,尤其是规模较小的中小企业而言,推进会计信息化建设往往伴随着沉重的成本负担,无疑增加了企业的资金压力。然而,通过运用大数据技术,企业能够更高效地处理和分析会计数据,提升工作效率,降低人工成本。同时,大数据技术还能帮助企业优化财务管理流程,减少不必要的资源浪费,进一步降低运营成本。此外,利用大数据平台进行信息共享和协同工作,还能促进企业内部各部门之间的沟通与协作,提高整体运营效率,从而间接减少企业会计信息化成本。

（三）加强企业会计处理效率的提升

在以往的时代背景下，会计工作人员在进行会计核算时，往往需要严格遵循既定的烦琐流程。同时，这种传统的人工核算方式不仅效率低下，而且极易因人为因素引发误差，进而给企业带来不必要的经济损失和潜在风险。

随着大数据时代的来临，企业开始积极推动会计信息化建设，将原本依赖于人工的核算方式逐步转型升级为信息化技术手段。这一转变不仅极大地减轻了会计工作人员的工作负担和压力，使其能够更专注于高级分析和策略性任务，而且显著提升了企业会计工作的整体效率。

通过运用先进的信息技术，企业可以实现会计数据的自动化处理、实时分析和精准预测，从而为企业决策者提供更加准确、及时的财务信息支持。不仅有助于企业优化资源配置、提升经济效益，还能够助力企业在激烈的市场竞争中立于不败之地。因此，加强企业会计信息化建设，提升会计处理效率，已成为当前企业发展的重要课题和必然趋势。

三、大数据背景下会计信息化的发展方向

大数据所产生的影响确实具有鲜明的双重性质，既可能展现出积极的面貌，又可能带来消极的影响。在发展过程中，大数据不仅能为财务信息使用者提供强有力的信息支持，而且能够更为精确地评估资产的公允价值，这对于企业的财务管理和决策至关重要。

此外，大数据技术的应用还能显著节约数据加工整理过程中所产生的经济成本和时间成本，大幅提升了数据处理和分析的效率。因此，在大数据时代，会计工作应当积极拥抱变革，充分利用大数据技术的优势，来推动企业会计信息化水平的提升。

通过这种方式，大数据不仅能让投资决策者在制定战略时拥有更为全面和准确的数据支持，还能让信息使用者更加便捷地获取所需信息，从而在一定程度上实现他们从烦琐的数据处理工作中解放出来，更多地聚焦于分析和决策等高价值活动。这样，企业不仅能够提升财务管理效率，还能在激烈的市场竞争中占据更为有利的地位。

(一)刷新会计工作思维以适应大数据时代

随着大数据时代的来临,传统会计流程已受到前所未有的冲击。为了顺应这一时代变革的浪潮,必须摒弃单纯依赖软件操作或传统运算方式的做法,积极拥抱信息技术和网络应用,构建符合新时代要求的会计工作新模式。

在这一过程中,需要以全新的理念引领会计信息化进程,为其精确定位,并明确发展方向。特别是在会计数据收集方面,应努力拓宽数据信息的搜集范围,不仅涵盖企业真实经济业务的结构性数据,还要关注那些能够促进企业发展的非结构性数据信息。这样的做法有助于更全面、更深入地了解企业运营状况,为决策提供更加有力的支持。

除了数据收集外,还需关注数据的加工、传输和报告等环节。通过刷新会计工作思维,能够更好地适应大数据时代的发展需求,推动会计工作的转型升级,为企业的发展提供更加坚实的保障。

(二)风险防控——会计信息化发展的关键所在

在大数据时代,新型的工作模式、海量的信息资源和纷繁复杂的经营环境相互交织,共同构成了会计工作的全新挑战。面对这一形势,企业需积极与外界建立常态化的沟通与交流机制,确保信息的畅通无阻。随着数据信息的迅猛增长和运算速度的持续提升,会计核算的难度日益加大,会计数据的安全性也面临着前所未有的挑战。信息技术的迅猛发展为企业带来了前所未有的便利,新型的计算工具和运算方式推动了信息处理方式的深刻变革。然而,这些技术进步同样伴随着一系列潜在的风险,网络犯罪行为也层出不穷。

因此,在大数据时代,既要充分认识到信息化带来的种种好处,也要清醒地看到其中蕴含的潜在风险。为了保障企业会计信息的安全与完整,必须加强风险防控意识,提前做好风险防范工作。只有这样,才能确保会计信息化的健康发展,为企业的持续稳定运营提供有力保障。

(三)行业化集中使用会计信息成为未来的发展目标

通过集中化、标准化的信息管理,企业能够便捷地获取行业内财务数据,进行比较分析和趋势预测,从而提升决策效率和准确性。同时,这种集中使用方式还有助于加强行业监管,提高企业财务报告的透明度和可比性,维护市场的公平竞争。此外,它还能促进行业内的信息共享和协作,推动技术创新和资源整合,为整个行业的发展提供有力支持。尽管在推进过程中需综合考虑数据安全、隐私保护等因素,但行业化集中使用会计信息无疑将为企业带来降低成本、提高效率、减少风险等多重益处,有效促进企业和行业的健康持续发展。

(四)深化会计信息的综合性与全面性

在大数据时代,企业运营和管理所涉及的内涵与外延都得到了极大的拓展。随着市场环境的不断变化,影响企业价值的各种因素也变得更加复杂多样。导致投资者和经营者在制定企业策略时,需要面对更多的不确定性和挑战。数据资源尤其是高质量的会计信息,已经成为企业在竞争中取得优势的关键。

过去,企业在进行预算、决算以及编制财务报告时,主要依赖的是结构性数据。然而,这种传统的财务信息生成方式已经难以全面反映企业的真实运营状况和潜在价值。为了应对这一挑战,会计报告必须与时俱进,将非结构性数据纳入考量,从而更深入地挖掘和分析企业的微观运营状态。

具体来说,会计报告不仅需要包含传统的财务指标,如收入、利润、资产和负债等,还应该将更多非财务指标,如人力资源状况、环境资源的利用和保护情况、客户满意度、创新能力等纳入报告范围。这些非财务指标对于全面评估企业的长期竞争力和可持续发展能力至关重要。

此外,这种转变还要求会计人员不断提升自身的专业素养和数据分析能力。他们不仅需要熟悉传统的财务会计知识,还需要掌握大数据分析、数据挖掘等先进技术,以便更准确地捕捉和解读市场动态,为企业的战略决策提供更有力的数据支持。

总的来说,深化会计信息的综合性与全面性是企业适应大数据时代发展的必然要求。通过整合结构性和非结构性数据，提供更全面、更有深度的会计信息，企业可以更加准确地评估自身状况，制定更加科学合理的战略决策，从而在激烈的市场竞争中脱颖而出。

（五）加大相关法律制定的推进力度

在大数据时代，数据的重要性日益凸显，而会计信息化的发展也面临着前所未有的机遇与挑战。为了进一步推动会计信息化的发展并确保其安全性、合规性，加大相关法律制定的推进力度显得尤为重要。

第一，完善立法工作是保障会计信息化健康发展的基础。通过制定和修订相关法律法规，可以明确各方在会计信息化过程中的权利和义务，规范数据的收集、处理、传输和使用等行为，从而为会计信息化提供一个良好的法治环境。

第二，构建健全的奖惩机制和责任制度是推动会计信息化发展的重要手段。通过设立明确的奖励和惩罚措施，可以激励企业和个人积极参与会计信息化的建设，同时对于违法行为也能起到有效的震慑作用。这种制度的建立不仅能够提高会计信息的准确性和可靠性，还能促进企业内部的合规管理和风险控制。

第三，为了确保共享平台的规范运营和用户权益的保障，建设第三方监管机构是必要之举。这些机构应定期对共享平台进行全面审查，确保其运营符合相关法律法规的要求，并对平台的数据安全、用户隐私保护等方面进行严格的监督。同时，这些机构还可以为平台提供指导和建议，帮助其提升服务质量和用户体验。

第四，加强对相关用户的培训与引导也是不可忽视的一环。通过定期的培训和宣传活动，可以提高用户对会计信息化的认识和重视程度，增强他们的数据保护意识和风险防范能力。这样不仅能够减少因用户操作不当而引发的安全问题，还能提升整个社会对会计信息化的接受度和信任度。

第二章

会计信息化概述

第一节 会计信息化的含义

一、会计信息化的概念

会计信息化是一个涉及会计与现代信息技术深度融合的概念。会计信息化是指将会计信息视为关键的管理信息资源,并借助计算机、网络通信等现代信息技术手段,对会计信息进行获取、加工、传输和应用。这一过程旨在提升企业的经营管理效率、辅助控制决策,并为经济运行提供全面、实时和准确的信息支持。

会计信息化水平的衡量,核心在于所采用的技术手段之先进性与适用性。这一水平的高低既受到经济业务不断发展的深刻影响,也与技术(特别是信息技术与管理技术)的持续创新息息相关。随着经济业务的不断拓展与深化,新的业务形态和信息需求不断涌现,对会计信息处理提出了更高要求;同时,技术的突飞猛进,特别是信息技术的日新月异,不仅为会计工作带来了前所未有的便利与效率,更推动了会计目标和会计思想的深刻变革,为会计信息化发展注入了新的活力与动能。

二、会计信息化的特征

（一）互动性

在会计信息化的系统中，不同业务部门的员工可以根据其职责和权限，向系统中录入各自负责的数据。这些数据经过系统的处理和转换，可以自动形成会计信息。同时，系统也提供了灵活的查询和筛选功能，允许用户根据特定的需求定制数据处理流程，从而生成符合需求的会计信息。

会计信息化系统能够根据不同的用户需求，输出不同格式和内容的会计信息报告。用户可以通过输入特定的参数或查询条件，获取所需的会计信息。此外，系统还支持用户自定义报表和查询，满足用户个性化的信息需求。

随着企业业务的发展和外部环境的变化，会计信息化系统需要不断更新和改进以适应新的需求。这种更新和改进不仅仅是技术层面的，还包括业务流程的优化、管理制度的完善等方面。通过系统更新和改进，企业可以更加高效、准确地处理会计信息，提高决策效率。

会计信息化系统提供了友好的用户界面和交互方式，使用户能够轻松地与系统进行交互。用户可以通过系统查询和分析会计信息，了解企业的财务状况和经营成果。同时，用户还可以向系统提供反馈和建议，帮助系统不断完善和优化。

会计信息化系统实现了企业内部信息与外部信息的有效整合和互动。企业可以通过系统获取外部市场、政策等信息，为决策提供有力支持。同时，企业也可以将内部的会计信息通过系统对外发布，实现与外部利益相关者的有效沟通。

（二）渐进性

会计信息化的渐进性特征体现在其发展过程的复杂性、曲折性，技术层面的渐进性、管理层面的渐进性、问题解决的渐进性以及应用范围的渐进性等方面。企业需要逐步适应和接受会计信息化带来的变革，通过不断地学习和实践,提高系统的稳定性和效率,为企业的发展提供有力的支持。

1. 发展过程的复杂性和曲折性

由于会计信息化处于新兴阶段,尚存在很多不完善的地方,加上信息化发展程度的限制,导致其发展过程充满了复杂性和曲折性。会计信息化在发展的过程中需要不断试探和摸索,摒弃不合适的发展方式,逐步优化和完善系统。

2. 技术层面的渐进性

会计信息化涉及的技术包括计算机、网络通信等信息技术,这些技术的发展是渐进的,因此也影响了会计信息化的进程。随着技术的不断进步,会计信息化系统能够更高效地获取、加工、传输和应用会计信息,从而为企业提供更准确、更及时的决策支持。

3. 管理层面的渐进性

会计信息化不仅涉及技术层面的变革,还涉及企业管理层面的变革。包括会计基本理论信息化、会计实务信息化、会计教育信息化、会计管理信息化等方面。这些变革需要企业逐步适应和接受,通过培训和教育等方式提高员工对会计信息化的认识和技能水平。

4. 问题解决的渐进性

会计信息化在发展过程中会遇到很多问题,如数据安全、系统稳定性、用户接受度等。这些问题需要企业逐步解决和完善。企业需要建立相应的机制,如定期的系统维护、用户反馈收集等,以便及时发现问题并采取相应的措施进行解决。

5. 应用范围的渐进性

会计信息化最初可能只在企业的某个部门或某个环节得到应用,随着系统的不断完善和企业的逐步适应,其应用范围逐渐扩大。企业可以根据自身的实际情况和需求,逐步将会计信息化应用到更多的部门和业务中,以提高企业的整体管理水平和效率。

(三)动态性

第一,数据采集的即时动态性特点显著。无论是企业内部的各类数据(诸如入库单据、产量详尽记录)还是来自外部的各类信息(如发票凭证、客户订单),只要这些数据和信息一经产生,均会立即同步至相应的数据存储服务器中,并实时传送至会计信息处理系统以待进一步加工处理。这种即时动态的数据采集方式不仅确保了会计信息的实时更新,还极大地提升了信息的准确性,为企业管理层提供了及时有效的决策支持。

第二,数据处理的高效实时性同样值得强调。在高度智能化的会计信息系统中,一旦会计数据被输入系统,便能够迅速激活相关的处理模块,自动进行数据的分类、精细计算、汇总统计、动态更新以及深度分析等一系列复杂操作。这一系列流程的高效运行确保了会计信息的实时更新和动态反应,使企业能够实时掌握自身的财务状况和经营成果。

第三,信息发布与传输的即时性得到了充分保障。得益于数据采集和处理的实时化、动态化特性,会计信息的发布和传输也实现了即时化。这意味着会计信息的使用者能够随时获取到最新的财务数据和业务信息,从而做出更加精准且及时的管理决策,为企业的稳健发展提供了有力保障。

第四,技术的持续进步和适应性。会计信息化的技术基础,如计算机、网络、大数据、人工智能等,都在不断发展和进步。会计信息系统需要不断适应这些技术的发展,引入新的技术和方法,以提高会计工作的效率和质量。

第五,业务需求的不断变化。随着企业的发展和市场竞争的变化,企业的业务需求也会不断变化。会计信息系统需要不断适应这些变化,根据企业的实际需求进行功能扩展和优化,以满足企业的业务需求。

第六,数据安全和隐私保护的动态性。随着会计数据的数字化和网络化,数据安全和隐私保护成为会计信息化发展的重要关注点。企业需要不断关注数据安全和隐私保护的问题,加强数据管理和防护措施,确保会计数据的安全性和可靠性。

三、会计信息化的基本环节

（一）会计数据源、数据采集与数据输入

会计信息化的基本环节包括会计数据源、数据采集与数据输入,这些环节是确保会计信息系统高效、准确运行的基础。

1. 会计数据源

会计数据源是会计信息系统获取和处理数据的起点。它涵盖了企业日常经营活动中产生的各类数据,包括财务数据、业务数据、外部数据等。根据不同的分类标准,会计数据源可以分为以下几种类型。

（1）以企业组织边界为界限进行分类,可以分为内部数据源和外部数据源。内部数据源指来自企业组织内部的数据,如销售订单、采购发票、库存变动等,这些数据通常具有较高的可靠性和准确性。外部数据源指从其他企业或机构收集或购买的数据,如市场价格、行业报告等,这些数据对于企业的决策分析具有重要意义,但正确性需要特别关注。

（2）按照时间标准进行分类,可以分为一次数据源和二次数据源。一次数据源是指直接从现场或原始交易活动中采集的原始数据,如销售凭证、采购单据等,这些数据是会计信息系统的基础输入。二次数据源是指经过处理、整合或存储在数据库中的数据,如财务报表、分析报表等,这些数据是对一次数据源的加工和提炼,为企业提供了更高级别的信息支持。

（3）根据数据运动形式进行分类,可分为静态数据源和动态数据源。静态数据源是指具有相对稳定性的数据,如企业基本信息、组织架构、固定资产数据等,这些数据在一段时间内不会发生显著变化。动态数据源是指反映企业生产经营活动中实际进程和状态的数据，如销售数据、库存变动、生产进度等，这些数据具有实时性和动态性，对企业的决策和管理具有重要意义。

2. 会计数据采集

会计数据采集是将会计数据源中的数据提取出来，为会计信息系统提供基础数据的过程。数据采集的核心在于选择，数据采集人员需要做到以下几点。

第一，明确数据采集的目标和需求，确保采集的数据能够满足企业决策和管理的需要。

第二，选择合适的采集工具和方法，如手工录入、扫描识别、自动化采集等，以提高数据采集的效率和准确性。

第三，确保采集的数据具有及时性、准确性、完整性和一致性，避免数据错误和重复录入。

3. 会计数据输入

会计数据输入是将采集到的数据输入到会计信息系统中的过程。数据输入的方式包括非联机输入和联机输入两种。非联机输入是指先将数据输入到外部设备（如纸质表单、电子表格等），再通过批量处理或人工导入的方式将数据输入到会计信息系统中。这种方式适用于数据量大、批量处理的情况，但需要注意数据的准确性和一致性。联机输入是指通过直接与会计信息系统相连的设备（如计算机、扫描仪等）实时输入数据。这种方式具有实时性强、灵活性高的优点，可以确保数据的及时性和准确性。

在数据输入过程中，需要注意以下几点。

第一，确保输入的数据与采集的数据一致，避免数据错误和重复录入。

第二，对于关键数据和敏感数据，需要进行校验和审核，确保数据的准确性和安全性。

第三，对于输入过程中发现的问题和错误，需要及时处理和纠正，避免对后续处理和分析造成影响。

(二)会计数据的处理

在会计信息化中,会计数据处理环节涉及将收集的原始数据转化为有价值的信息以供决策使用,它确保了数据的价值得以实现。

常用的会计数据处理方式有定期处理和实时处理。定期处理是指将收集到的数据在达到一定数量或时间后,集中进行批处理。这种方式适用于数据量较大、需要定期报告的情况。例如,月末或年末的财务报表编制就采用了定期处理方式。实时处理是指对送来的数据立即进行处理,并及时做出响应。这种方式适用于需要快速响应的业务场景,如实时库存查询、在线销售统计等。随着技术的发展,实时处理在会计数据处理中的应用越来越广泛。

会计数据处理的操作需要经过以下步骤:

第一,数据检验。数据检验用于检查所记录的数据是否准确、完整和一致。检验方法包括人工检验和计算机检验,目的是确保数据的可靠性。

第二,数据分类。数据分类是将会计数据按照使用目的或业务逻辑进行分类,以便更好地管理和利用。数据分类可以基于多种标准,如会计科目、业务类型、时间等。

第三,数据排序。数据排序是数据分类的一种常见形式,它根据某个或多个关键字段对会计数据进行排序,以便更直观地展示数据之间的关系和规律。

第四,数据汇总。数据汇总是在分类和排序的基础上,对会计数据进行累计或简化处理,以生成汇总报表或统计信息,有助于从整体上把握企业的经营状况和发展趋势。

第五,数据存储。数据存储是将处理后的会计数据保存在适当的介质中,以备后续查询和分析使用。随着信息技术的发展,数据存储方式越来越多样化,如数据库、云存储等。

随着信息技术的不断进步和应用需求的不断提高,会计数据处理正从定期处理方式向实时处理方式发展。实时处理能够更快速地响应业务变化,提供更及时、准确的信息支持。

(三)会计信息的存储与优化

会计信息存储作为信息管理的关键环节,旨在将相关数据妥善保存,以备日后之需。这一过程涵盖了物理存储与逻辑组织两大层面,即既要关注存储设备的选择与配置,又要注重信息存储的策略与思路。

随着会计信息化进程的推进,传统的信息存储方式也在逐步发生变革。尽管原始凭证、记账凭证、账簿和报表等基本元素依然保留,但它们的生成与输出方式已发生了显著变化。这些会计信息现在主要由计算机系统负责编制与打印输出,进而以不可见的形式存储于磁性媒体或光性媒体之中。这种转变使会计信息的存储方式从传统的"只读寄存"逐步演进为"随机寄存",带来的优越性不言而喻。

通过优化存储方式,会计信息实现了更为高效、灵活的管理与应用。这种变革不仅提升了信息处理的效率,还增强了数据的安全性与可靠性,为企业决策提供了更为准确、全面的信息支持。

(四)会计信息的输出

随着会计信息集成度的显著提升,不仅会计部门内部实现了高效的数据整合,企业组织内部以及企业组织之间的信息系统也得到了紧密的集成,进一步促进了数据的共享与业务的协同。这种高度的集成使会计信息的输出与传输范围更加广泛,传输速度愈发快捷,确保了更多的会计信息能够及时、准确地传递给内外部的利益相关者。此外,借助现代信息技术,会计信息获取的及时性和便捷性也得到了极大的提升,为现代企业的决策提供了有力的数据支持,推动了会计行业向更高效、更透明的方向发展。

具体而言,会计信息的输出不仅包括传统的财务报表、账簿记录等形式,还涵盖了数据可视化、报告生成、决策支持系统等多种现代技术手段。这些输出形式既能够满足管理者对企业财务状况的全面了解,也能够为投资者、债权人等外部利益相关者提供及时、准确的财务信息,以支持其做出明智的决策。

四、会计信息化的环境

(一)会计信息化的总体环境

会计信息化与社会信息化之间存在着密切的关联。如果会计信息化的发展滞后于社会信息化,那么企业在信息处理和传递方面将会面临诸多障碍,导致工作效率低下,甚至可能影响到企业的正常运营。反之,如果会计信息化过于超前,超越了当前社会信息化的发展阶段,那么可能会因为技术、设备、人才等方面的不足,导致信息化建设的成本过高,而实际效果并不理想。因此,会计信息化的发展必须与社会信息化的发展保持协调一致,既要充分利用社会信息化带来的便利和优势,又要避免因为发展过快或过慢而带来的问题和挑战。

1. 电子商务的兴起对会计信息化的影响

第一,电子商务通过互联网实现交易,消除了地理和时间限制,使交易数据和信息大量增加。会计信息系统需要处理这些庞大的数据量,确保数据的完整性和准确性。推动了会计信息化的进程,促使企业采用更高效的会计软件和信息系统来处理这些数据。例如,使用 ERP 系统、BI 系统等数据分析工具,以便更好地进行数据分析和决策。

第二,电子商务的发展加速了会计工作的数字化进程。传统的纸质簿记记录逐渐被电子记录所取代,提高了工作效率和数据准确性。会计信息化使许多传统的会计工作流程得以自动化,如在线支付、自动记账等,从而减少了人工操作,降低了错误率。

第三,电子商务的特殊性要求会计人员不仅掌握传统的会计知识,还需要具备电子商务相关的技能,如使用财务软件、数据分析等。促使会计人员不断提升自身技能,适应会计信息化的需求。同时,企业也更加注重对会计人员的培训和技能提升。

第四,随着电子商务的兴起,金融会计的重要性日益凸显。会计人员需要了解各种支付方式的特点,保护企业的资金安全并优化资金使用效果。会计信息化加强了对安全性和风险控制的要求。企业需要建立健全的内部控制制度,确保会计信息系统的安全、可靠、有效和高效运用。

第五,电子商务的发展使会计的职能逐渐从单一的记账和核算向多功能化发展。会计人员开始承担更多的企业管理职责,如财务预算、编制财务报告、协助企业决策等。要求会计信息系统具备更强大的功能,以满足会计职能拓展的需求。同时,也推动了会计信息化的深入发展。

2. 企业组织管理结构的变迁对会计信息化的深刻影响

企业组织管理结构的变迁对会计信息化产生了深刻的影响。随着企业结构向扁平化、网络化方向转变,会计信息化推动了数据源的多元化与电子化记录,使数据采集更加广泛且无纸化。同时,通过计算机自动化处理,会计信息化极大地提升了数据处理的效率和会计报告的质量,让会计人员能够更专注于高级分析工作。此外,信息化还丰富了数据处理规则,为用户提供多角度的数据分析,助力更明智的决策制定。最终,借助网络力量,会计信息化让更多用户能够快速便捷地获取会计信息,满足不同层次的信息需求,进而推动企业治理和资本市场的健康发展。在这一进程中,数据安全和隐私保护也愈发显得重要,需要企业在信息化推进中给予高度重视。

3. 企业外部环境变迁对会计信息化进程的深远影响

作为企业管理信息系统中不可或缺的一环,会计信息系统的完善与发展对整个企业的运营与管理具有举足轻重的作用。会计信息化不仅是技术应用的升级,更是企业管理和决策的重要依据。因此,会计信息化应能够及时向企业管理信息系统提供精准、全面的相关数据,为企业战略制定和日常运营提供有力支撑。同时,企业外部环境的这些深刻变化,也导致了相关法律法规的逐步调整和完善。为了适应新的市场环境和技术趋势,政府及相关部门不断出台新的法律法规,以规范企业会计信息化的实践与发展。这些法律法规的转变既为会计信息化的健康发展提供了有力保障,也对企业的会计信息化建设提出了更高的要求。

（二）会计信息化的硬件环境

从当前的应用视角审视，会计信息化运作的硬件环境可以细分为单机环境、局域网环境以及互联网环境三类。在单机环境下，会计软件可以独立运行，但数据交换和共享相对受限；局域网环境则能够实现多台计算机之间的互联互通，提高了协同办公的效率；互联网环境突破了地域限制，使会计信息可以在全球范围内实现无障碍流通。

1. 单机环境

单机环境，作为会计信息化领域最为基础且简易的运行环境，其核心构成主要依托一台或多台相互独立的计算机设备。这些设备不仅为财务软件的运行提供了稳固的硬件支撑，更构建起了整个信息化系统的基础架构。

在单机环境下，会计信息化系统的功能展现得相对有限，主要聚焦于基础的会计核算任务。由于这种环境在数据共享方面的局限性，使其适用范围通常局限于规模较小、数据关系相对简明清晰的企业组织。企业借助单机环境，能够完成日常的账务管理、报表编制等基础性会计工作，满足基本的财务管理需求。

尽管如此，单机环境仍在会计信息化进程中扮演着举足轻重的角色。对于许多初创企业或规模较小的企业来说，单机环境不仅成本较低，易于部署和维护，而且能够满足其基本的财务信息化需求。因此，在推进会计信息化进程中仍应充分重视并合理利用单机环境，为不同规模的企业提供灵活多样的信息化解决方案。

2. 局域网环境

随着企业对网络优势的认识日益加深，局域网环境在会计信息化中的应用也愈发广泛。局域网能够将地理位置相近的计算机和设备连接起来，形成一个共享资源和信息的网络。在会计工作中，这种环境不仅促进了数据的实时共享与多用户协同办公，还大幅提升了工作效率。同时，局域网环境支持自动化的数据处理，降低了会计工作的重复性，使会计人员能够更专注于财务分析。更为重要的是,该环境通过权限管理、身份识别技术及数据备份恢复功能,为财务数据提供了严密的安全保障。总的来说,局域网环境以其高效、安全的特点,成为推动企业会计信息化进程的关键因素,助力企业实现财务数据的集中管理、实时共享与精准处理,进而提升财务管理的整体质效。

3. 互联网环境

互联网环境是会计信息化硬件环境中最为广泛且复杂的一种。作为全球最大的计算机网络,互联网由无数相互连接的网络组成,实现了数据的全球传输和共享。在互联网环境下,会计信息化的运行不再局限于企业内部或特定区域,而是拓展到了全球范围。

通过互联网,企业可以将会计信息化的应用范围扩展到供应链、客户管理等多个领域,实现跨地区、跨国界的协同工作。同时,互联网环境的开放性和灵活性也为会计信息化提供了更多的创新空间和发展机遇。然而,与此同时,互联网环境也带来了数据安全、隐私保护等挑战,需要企业在享受互联网带来的便利的同时,加强信息安全管理和风险防范。

(三)会计信息化的软件环境

会计信息化的软件环境主要包括以下几个关键组成部分,它们共同为会计软件的运行提供了必要的支持。

1. 软件系统

系统软件是控制计算机运行、管理计算机各种资源,并为应用软件提供支持和服务的一类软件。操作系统是系统软件的核心,它负责支撑应用程序的运行环境以及用户操作环境,常见的操作系统包括Windows、Linux等。

2. 数据库管理系统(DBMS)

数据库管理系统是会计信息化软件环境的重点和核心,用于对数据库进行统一的控制和管理。数据库系统的体系结构是指带有数据库的计算机系统中各组成部件之间的相互关系,数据库系统的体系结构经历了以下三种发展形式,具体内容如表2-1所示。

表2-1 数据库系统体系结构的三种发展形式

形式	具体阐述
集中式数据库系统（Centralized Database System）	在这种体系结构中,数据库被集中存储在一个中心位置(例如一台服务器),所有的数据处理和查询都通过该中心位置进行。 优点:易于管理和维护,数据安全性较高。 缺点:当数据量增大或用户数量增多时,中心服务器的性能可能成为瓶颈,且单点故障可能导致整个系统不可用
客户端/服务器数据库系统（Client/Server Database System）	在这种体系结构中,数据库服务器负责存储、管理和检索数据,而客户端(可能是个人电脑或移动设备)负责用户界面的展示和数据处理请求的发送。 优点:可以更有效地利用服务器的高性能硬件,支持更多的并发用户,且客户端和服务器可以独立升级和维护。 缺点:对网络的依赖性较高,如果网络出现问题,可能会影响到整个系统的可用性
分布式数据库系统（Distributed Database System）	分布式数据库系统将数据分布在多个物理位置,每个位置都有自己的数据库管理系统(DBMS)。这些位置通过网络连接,使用户可以在任何位置访问整个数据库。 优点:提高了系统的可扩展性、可用性和容错性。因为数据分布在多个位置,所以即使某个位置出现故障,其他位置的数据仍然可用。 缺点:数据的一致性和完整性维护变得更加复杂,因为需要在多个位置同步数据。此外,网络延迟和带宽限制也可能影响到系统的性能

3. 财务软件

财务软件是支持会计信息系统运行和管理的工具,根据不同的功能和适用范围,可以分为会计核算软件、财务报表软件、税务申报软件和预算管理软件等。财务软件的应用能够提高企业会计工作的效率,减少人力资源的浪费,帮助企业更好地管理财务风险、提升财务分析能力以及加强内部控制。

五、会计信息化对会计理论与实务的深远影响

首先,从会计假设的视角来看,网络虚拟公司及临时性组织的兴起,对传统的会计主体可持续经营等核心假设提出了挑战。在网络环境中,会计核算的主体逐渐呈现出更加动态、非传统的特点,导致传统的核算工作体系在某种程度上受到冲击。此外,核算期间也变得更为灵活,不再是固定不变的时间段,而是可以根据实际需求进行一次性交易的灵活调整。

其次,网络会计中会计期间的变化进一步动摇了权责发生制的基石。由于网络环境下交易活动的即时性和动态性,传统的权责发生制在确认收入和费用时面临诸多困难。相比之下,收付实现制以其直观性和实用性在网络会计中显得更加合理和适用。

再次,会计信息化对账簿形式产生了颠覆性的变革。传统的纸质账簿逐渐被电子账簿所取代,这一变革不仅提高了会计工作的效率,还使数据处理和存储更加便捷。通过对电子数据的分组、组合,会计人员可以生成更加多样化、灵活的账簿形式,以满足不同用户的需求。

最后,随着会计信息化的推进,审计工作逐渐实现了现代化和智能化。审计人员可以利用先进的审计软件和技术手段,对电子数据进行高效、准确的审查和分析,从而提高了审计工作的质量和效率。

六、对开展会计信息化工作的正确认识

会计信息化是现代企业管理的重要组成部分,它通过引入信息技术,实现会计信息的自动化处理、实时更新和高效利用,极大地提升了会计工作的效率和准确性。会计信息化有助于企业实现精细化管理,优化资源配置,提高经济效益。

开展会计信息化工作的目标是实现会计信息的数字化、网络化和智能化,提高会计信息的处理速度和准确性,降低会计工作的成本。通过会计信息化,企业可以建立全面、准确、及时的会计信息系统,为管理决策提供有力支持。

会计信息化需要完善的基础设施支持,包括计算机硬件、软件、网络等。企业应加大投入,建设高效、稳定的会计信息化基础设施,确保会计信息化工作的顺利开展。

会计信息化对会计人员提出了更高的要求,他们需要具备信息技术和会计知识的双重能力。企业应加强对会计人员的培训和教育,提高他们的综合素质和专业技能,以适应会计信息化工作的需要。

会计信息化面临的安全风险不容忽视,包括数据泄露、系统崩溃、黑客攻击等。企业应建立健全的会计信息化安全管理制度,加强安全防护措施,确保会计信息的安全性和完整性。

会计信息化不应仅仅局限于会计部门,而应与企业其他业务流程相融合,实现信息资源的共享和协同工作,有助于提高企业整体的管理水平和竞争力。

会计信息化是一个持续发展的过程,随着企业业务的发展和技术的更新,会计信息化系统也需要不断改进和优化。企业应建立相应的反馈机制,及时发现和解决问题,确保会计信息化系统的稳定性和有效性。

会计信息化虽然带来了诸多便利和优势,但也面临着一些挑战,如数据安全、技术更新等。企业应正视这些挑战,并抓住会计信息化带来的机遇,推动企业管理的创新和升级。

第二节　会计信息化的发展演变

一、会计信息化的发展历程

会计作为管理领域不可或缺的一环,其核心作用在于以货币为统一度量标准,借助独特且精细的方法论,从价值层面对生产经营活动进行详尽的反映与有效的监督。因此,在会计工作的推进过程中,大量的数据得以采集、传递与储存,进一步经过分类、汇总与系统化的处理,从而为企业的经营管理决策提供有力的信息支撑。

随着生产活动的蓬勃发展及生产规模的日益社会化,会计亦不断适应时代变迁,持续演变与发展。经过人们长期不懈的实践与探索,会计逐渐从简单粗糙的形态过渡到复杂精细的体系,最终构建出一套严谨完备的会计制度。

就我国而言,会计信息化的发展历程尤为波澜壮阔,可概括为以下几个关键阶段。每个阶段都承载着时代的印记,展现着会计领域在信息化道路上的不懈追求与创新突破。

(一)探索发展阶段(1978—1988年)

在改革开放之初,我国开始尝试推行会计电算化。1979年,财政部和第一机械工业部为中国第一家会计电算化试点单位——长春第一汽车制造厂提供了财政支持,以实行电算化会计,这是我国会计信息化历程中的重要一步。1981年,在召开的"财务、会计、成本应用计算机学术研讨会"上,计算机技术在会计工作中的应用被正式命名为"会计电算化",标志着我国首次确立"会计电算化"的概念。此后,北京、上海、广州等发达地区的公司先后开展试点工作,进一步推动了会计电算化的发展。在会计电算化应用起步的同时,会计电算化教育和科研也取得了一定进展。1984年,财政部财政科学研究所首次招收会计电算化研究生,标志着中国会计电算化高等教育迈出新步伐。

为了促进会计电算化的发展,财政部于1987年颁布了《关于国营企业推广应用电子计算机工作中若干财务问题的规定》,从提倡发展基金和严格管理成本支出两方面进行了规范。此外,1988年召开的全国首届会计电算化学术研讨会也提出了会计电算化应加强通用化、商业化,为会计电算化的发展指明了方向。

随着国内会计电算化的推行,会计软件市场日益扩大。一些本土会计软件开发公司如用友、金算盘、金蝶等纷纷成立,促进了会计软件在我国企业核算中的应用与推广。

(二)有序发展阶段(1989—1998年)

1989年,财政部颁布了《会计核算软件管理的几项规定(试行)》,明确了政府对于会计电算化重要性的认识,并决定在各级财政部门推行会计电算化的试点工作。这一规定为会计电算化的实践应用提供了新的指导。

随着政策法规的出台,会计软件市场开始逐渐规范化。软件开发商依据规定进行软件开发,确保了软件的质量和兼容性,推动了会计软件行业的有序竞争。在这一阶段,众多商品化财务软件如雨后春笋般涌现。这些软件以通用化、商业化为目标,不仅提高了会计工作的效率,还降低了企业成本。到 1998 年底,我国已有大量的会计人员接受过正规会计电算化的培训,为财务软件的实践应用提供了重要的人员支撑。

1996 年,财政部财政科学研究所成立了第一个会计电算化博士点,标志着会计电算化在高等教育领域的地位得到了进一步提升。此后,多家高校开始招收会计电算化博士研究生,会计电算化正式成为会计学科研究的重要方向。在这一阶段,越来越多的企业开始采用会计电算化系统进行财务管理。这些系统的应用不仅提高了会计工作的准确性,还大大节省了人力成本和时间成本。

20 世纪 90 年代末,随着企业管理模式的探索和发展,"管理型"会计信息系统逐步被提上日程,标志着会计信息化开始从单纯的财务核算向更广泛的企业管理领域拓展。

(三)会计信息化的产生及初步应用阶段(1999—2002 年)

1999 年 4 月 2 日至 4 日,深圳市财政局携手金蝶公司在繁华的深圳市,联合举办了一场令人瞩目的"会计信息化理论专家座谈会"。此次盛会不仅为与会者提供了一个深入交流的平台,更在业界引起了广泛的关注和热议。此次座谈会积极响应了时代发展的需求,倡导了建立开放、透明、高效的会计信息系统,从而推动企业实现更精准、更及时的财务管理和决策分析。尤为重要的是,此次会议首次明确提出并深入探讨了"会计信息化"这一全新概念及其深刻内涵,为我国会计行业的未来发展指明了方向。可以说,这次座谈会的成功举办,标志着我国会计信息化时代的正式开启。

一时间,社会各界的目光纷纷聚焦于"会计信息化"这一新兴概念之上。与此同时,随着电子商务、ERP(企业资源计划)、SCM(供应链管理)、CRM(客户关系管理)等先进信息系统的不断发展和完善,网络技术在会计领域的应用也日渐深入。网络会计作为信息化和网络化相结合的产物,极大地推动了会计行业的进步和发展。

在这样的背景下,学者们开始认识到会计信息化实施的重要性,纷纷投入到相关研究领域,以期为我国会计行业的信息化和网络化进程贡献智慧和力量。他们不仅深入探讨了会计信息化的理论基础和应用实践,还积极探索了如何将先进的信息技术更好地应用于会计工作中,以提高会计工作的效率和准确性。

(四)会计信息化的推进与发展阶段(2002年至今)

自2002年起,中国会计学会便定期召开会计信息化年会,就会计信息化的前沿理论、实践应用及发展趋势展开深入研讨。历届年会不仅汇聚了业界精英的智慧与经验,更为我国会计信息化的发展提供了有力的理论支撑和实践指导。

在会计信息化年会的召开过程中,中国会计学会会计信息化专业委员会主任杨周南教授发挥了举足轻重的作用。她凭借深厚的学术功底和丰富的实践经验,为年会的成功举办及会计信息化的深入发展贡献了诸多真知灼见。在她的引领下,我国会计信息化理论体系不断完善,实践应用不断拓展。

此外,庄明来教授在2007年发表的一篇名为《我国上市公司宣告采用XBRL的市场反应研究》的文章中,也针对XBRL在我国上市公司的应用情况进行了深入分析。他指出:虽然XBRL的应用在一定程度上提升了会计信息的透明度和可比性,但对我国上市公司股价的直接影响并不显著。庄明来教授还进一步探讨了其中的原因,并提出了相应的改进建议。

在推进会计信息化及其相关软件产业的发展方面,我国政府也展现出了积极的态度和决心。2002年以来,财政部门逐步放宽了对各单位甩账的监管,实行备案制管理,为企业的信息化建设提供了更大的自主权和灵活性。同年10月,国家经贸委企业改革司委托用友公司组织编写了《企业信息化基本知识系列讲座》,旨在提高企业对信息化的认识和重视程度,推动企业信息化工作的深入开展。

与此同时,国家标准化管理委员会还发布了《信息技术、会计核算软件数据接口规范》,为会计信息化的发展提供了统一的标准和规范。这一标准的出台不仅有助于提升会计信息的质量和可靠性,还为会计信息化软件的研发和应用提供了有力的技术支撑。

二、我国会计信息化的发展趋势

（一）会计信息化将进一步强化数据处理和分析能力

随着大数据、云计算等先进技术的应用，会计信息系统将能够更高效地处理海量数据，实现更精准的数据分析和挖掘。这不仅有助于提高会计核算的准确性和效率，还能够为企业管理提供更全面的数据支持和决策参考。

（二）会计信息化将更加注重信息安全和风险控制

随着网络技术的快速发展，会计信息系统的安全风险也在不断增加。因此，未来会计信息化将更加注重信息安全管理，采用先进的加密技术和防护措施，确保会计信息的安全和完整。同时，还将加强对会计信息系统的监控和预警，及时发现并应对潜在的风险和问题。

（三）会计信息化将不断推动财务管理的数字化转型

数字化转型是当前企业管理的重要趋势之一，也是提升企业管理水平和竞争力的重要手段。通过会计信息化，企业可以实现财务管理的数字化转型，将传统的纸质账本和手工操作转变为电子化和自动化处理，提高财务管理的效率和准确性。同时，数字化转型还能够为企业提供更丰富的数据资源和更灵活的管理手段，推动企业的创新发展。

（四）向"管理一体化"方向扩展

"管理一体化"意味着将计算机技术在整个单位的各个管理层面和部门中广泛应用，形成一个高度集成的信息管理系统。在这种背景下，会计信息化作为整个管理信息化的一个关键组成部分，其发展和应用将受到其他部门信息化进程的深刻影响，同时也将为其他部门提供重要的数据支持和管理依据。

会计信息化不仅仅局限于财务部门的数据处理,它还需要与其他部门如生产、销售、库存等进行信息交互和共享。通过实现"管理一体化",企业可以打破部门之间的信息壁垒,实现信息的快速流通和共享,提高整体管理效率。

(五)软件技术与管理组织措施日趋结合

会计信息化是一个涉及软件技术和管理组织措施的综合体。随着会计信息化工作的不断深入,软件技术与管理组织措施的结合将越来越紧密。

在软件技术方面,随着云计算、大数据、人工智能等技术的不断发展,会计信息化系统将更加智能化、自动化。这些技术将使会计信息的处理更加高效、准确,同时也能够为企业提供更多有价值的数据分析和管理建议。

在管理组织措施方面,企业需要建立一套与会计信息化系统相适应的管理制度,包括数据安全管理制度、系统维护制度、用户权限管理制度等。这些制度将确保会计信息化系统的正常运行和数据安全,同时也能够提高员工对系统的认知度和使用效率。

(六)会计信息化的开展与管理将向规范化、标准化方向发展

随着国家标准化管理委员会和财政部等相关部门发布的一系列标准和规范的执行,会计信息化的开展和管理将向规范化、标准化方向发展。规范化意味着会计信息化系统的建设和管理需要遵循一定的标准和规范,以确保系统的质量和安全性。标准化则意味着会计信息的处理和传输需要遵循统一的标准和格式,以实现不同系统之间的数据共享和交互。这些标准和规范的贯彻执行将使会计信息化系统更加统一、规范,同时也能够为企业提供更多有价值的数据分析和管理建议。此外,标准化还能够降低企业开展会计信息化工作的成本,提高系统的兼容性和可扩展性。

第三节　会计信息化对传统会计的影响

会计信息化远非仅仅是手工会计的计算机化过程,它实际上是以计算机为基石,将系统论、会计学、计算机技术及信息技术等诸多领域巧妙融合,形成的一门综合性学科。这一进程不仅显著地改变了会计数据处理的方式,更在深层次上对会计理论与实践产生了广泛而深远的影响。

谈及会计试算平衡程序,实现信息化后,会计科目余额汇总表和试算平衡表等传统手工工具的重要性已然减弱,其存在的必要性已大不如前。在手工会计的情境中,明细账通常只是作为名义上的最后一级科目的明细记录,并非涵盖了各级科目的详细账目。这是因为,在手工会计中,针对每一笔交易的原始凭证,编制各级科目的明细账将涉及高昂的成本,基于成本效益原则的权衡,往往不得不放弃这一做法,转而以重要性原则作为解释的依据。然而,会计信息化技术的应用使随时查阅所有科目的各级明细账成为可能。

在信息化环境中,获取实时会计信息的能力得到了显著提升。相比之下,在手工会计时代,会计核算流程通常包括编制会计凭证、过入账簿以及编制报表等环节,且各环节之间不可避免地存在一定的时间间隔,使会计人员难以消除这一时间上的滞后性。

一、会计科目编码

在计算机数据处理领域,为了更有效地实现数据的输入、存储、加工处理和传输,必须精简数据的表现形式。通过运用规范化的编码方式,计算机能够便捷地对会计数据进行分类和汇总。为此,建立一套科学的会计科目体系至关重要,该体系应能够清晰地展现科目之间的层次关系,并辅以一套相应的会计科目编码方案。这样的体系不仅有助于提高系统的输入效率和处理效率,更对输出详尽且完整的会计核算资料具有不可估量的重要性。通过这样的设计,可以确保数据处理的高效性和准确性,从而满足各类会计工作的需求。

二、记账凭证

在会计信息化的运作方式下,记账凭证的来源呈现出三种不同的途径:人工凭证、账务处理子系统自动生成的机制凭证,以及各业务子系统自动生成的机制凭证。

人工凭证的制作方式,与传统的手工记账方式相似。这一流程开始于原始凭证的填制,这包括自制原始凭证和外来原始凭证。经过会计人员的精心整理、加工和审核后,这些原始凭证将被转化为记账凭证。随后,这些记账凭证会由计算机操作人员或会计人员手工录入计算机,并存储在凭证文件中。

账务处理子系统自动生成的机制凭证,主要适用于期末一些固定的结转业务。得益于计算机技术的运用,机制凭证能够自动产生,极大地提升了凭证编制的速度,尤其是在月末进行固定结转业务凭证的编制时,效率得到了显著的提升。

此外,各业务子系统也会自动生成机制凭证。这些机制凭证是由各核算子系统,如材料核算、成本核算、工资核算、固定资产核算、产品销售核算以及利润核算子系统,自动编制完成的。这些机制凭证随后会被自动传递到账务处理子系统,作为记账凭证使用。

三、会计核算形式

会计核算形式,即指凭证、账簿及报表之间所固有的内在联系及它们之间相应的编制技巧。在传统的手工会计信息系统中,为了高效地处理繁杂的财务数据,我们精心设计并采用了多样化的记账流程与技巧。这些流程与技巧包括但不限于记账凭证核算组织程序、科目汇总表核算组织程序、多栏式口记账核算组织程序以及日记总账核算组织程序等。同时,还需要确保总账与明细账、日记账之间的精确核对,以保证账目的准确无误。

尽管这些核算形式在很大程度上简化了转抄和计算的工作负担,但无法彻底消除这些环节。因此,手工处理方式仍不可避免地带有一些固有的局限性,如数据冗余和准确性难以保证等问题。

在长期的会计实践中,人们逐渐总结出了一套行之有效的策略,以预防和纠正转抄错误。例如,当记账凭证完成过账后,会计人员会在凭证上做出特殊标记,以防止重复记账的发生。此外,明细账与总账之间采用平行登记的方式,相互验证,以便及时发现并纠正过账或计算中的错误。

然而,无论会计人员的专业素养多么高超,从填制记账凭证到编制报表的每一个环节,转抄和计算错误始终是难以彻底避免的难题。因此,在手工会计处理的情境下,账证不符、账账不符、账表不符的现象时有发生,给企业的财务管理带来一定的风险。

实际上,手工会计环境下的会计核算形式并非会计数据处理本质所必需的,而是受手工处理方式局限性的影响。与之相比,计算机处理具有显著的优势,能够极大地避免因工作时间过长或疲劳导致的计算错误和抄写错误。因此,应当从实际需求出发,充分利用计算机技术的优势,设计出更符合计算机处理特性、效率更高、数据流程更为合理的账务处理形式。

对于任何企事业单位而言,无须再过分纠结于选择何种记账程序和方法,而应更多地关注如何利用计算机技术的强大功能,优化和提升会计核算的效率和准确性。通过不断探索和创新,可以构建出更加高效、精准的会计核算体系,为企业的稳健发展提供有力保障。

四、账簿和报表

账簿乃是以会计凭证为依据,依序、分类记载经济事务的簿籍。从性质与用途出发,账簿可以细分为序时账簿、分类账簿以及备查账簿。

在传统的手工会计体系中,这些账簿承载着数据存储的职能。每当一张新的记账凭证生成,会计人员便需将其内容按会计科目的分类进行转录与登记,进而形成对应的日记账或分类账。

然而,随着会计信息系统的广泛应用,账簿与报表的存储媒介及输出方式已发生显著变化。在手工会计时代,总账、明细账、日记账各自分明,并遵循特定的格式。然而,在会计信息系统中,那些传统的手工账簿种类与格式在计算机环境中或许并不完全存在,抑或并非永久保留。

对于会计账簿而言,计算机的应用极大地改变了其处理方式。财会人员仅需输入一个会计科目,计算机便能迅速筛选出与该科目相关的所有业务,从而生成相应的账簿。无论该科目是现金、银行存款,还是总账、明细账,均可实现自动化处理。值得一提的是,通过对筛选结果的日期排序或索引,所有账目均可展现为日记账的形式。在会计信息系统中,继续沿用传统的手工会计账簿分类方式已显得不那么必要。将会计账簿划分为日记账、总账及明细账的价值与意义已逐渐减弱。

同样,在会计报表的制作过程中,计算机信息系统的应用同样起到了革命性的作用,带来了显著的变化与进步。财会人员仅需事先明确报表的格式以及数据的提取方式,并录入基本的数据信息,随后计算机便能高效地自动从账务核算系统或其他会计核算系统中精准提取所需的数据。一旦会计期间发生变动,系统便会依据预先设定的数据获取方法与计算公式,自动搜集整理数据,并生成符合要求的会计报表。这一自动化处理流程的引入,极大地提升了会计报表的生成效率,确保了数据的准确性,为企业的财务管理提供了极大的便利。不仅如此,计算机信息系统的应用还极大地减轻了财会人员的工作负担,使他们能够将更多的精力投入到对数据的深入分析与对业务模式的优化中去,从而更好地服务于企业的决策层,推动企业的持续健康发展。

五、内部控制

在电算化会计信息系统的演进中,原先依赖账簿间相互核对的差错纠正控制机制已然被时代所淘汰,转而由计算机所支持的电磁介质替代了传统的纸张介质,这一转变带来的是数据处理方式的革新,使数据能够在不留下任何痕迹的情况下进行自如的修改与删除。

此外,会计信息控制的边界也在不断扩展。以往,这一控制工作主要集中于财务部门,如今已横跨财会与计算机处理两大领域。控制方式也发生了深刻变革,从过去单一的手工控制,转变为组织控制、手工控制、系统开发与程序控制相互融合、相辅相成的全面内部控制体系。这一变革不仅提高了会计信息的准确性和可靠性,也极大地提升了企业内部管理的效率与水平。

六、会计职能及方法

(一)会计职能的拓展与深化

在计算机会计信息系统中,会计工作的重心发生了显著转移。过去,会计工作主要侧重于对外编制和报送会计报表,而现在更加注重利用会计数据来强化企业内部的经营管理。此外,会计工作不再仅仅局限于事后核算和分析,而是转向全面核算,涵盖事前预测、事中控制和事后评价等多个环节。会计职能也从单纯的财务情况反映和财务信息提供,扩展为深度干预生产、积极推动经营以及积极参与决策,从而实现了对企业运营全方位的监控和支持。

(二)会计方法的创新与完善

在计算机会计信息系统中,会计方法得到了显著的改进和创新。一方面,传统会计方法在计算机会计环境中得到了优化和提升,使数据处理更加高效和准确;另一方面,新的会计方法不断被引入并广泛应用于实践中,如标准成本计算方法等,为会计核算和控制提供了更加有效的工具。此外,为了满足分析和预测的需求,运筹学等数学方法也被广泛引入会计领域,使会计分析更加科学化和精细化。

(三)数据采集的自动化与智能化

在计算机会计信息系统中,数据采集的方式也发生了革命性的变化。在机械化、自动化水平较高的企业中,开始通过自动化仪表、传感器、脉冲信号式数据采集装置等现代化设备,将原始数据直接输入计算机。这种方式不仅大大提高了数据采集的及时性和准确性,还减少了人为因素的干扰,提高了数据的可靠性。

（四）会计管理职能的加强与提升

在计算机会计信息系统中,会计管理职能得到了进一步的加强和提升。借助强大的计算机处理能力和先进的信息技术,会计管理人员可以更加高效地进行会计管理、分析与决策工作。此外,随着电算化会计信息系统从核算型向管理型的转变,会计工作的重心逐渐转向为企业提供决策支持和价值创造,使会计成为企业管理的重要支柱和战略资源。

总之,计算机会计信息系统的出现为会计工作带来了革命性的变革,使会计职能和方法得到了拓展和深化,数据采集更加自动化和智能化,会计管理职能得到了加强与提升。这些变革不仅提高了会计工作的效率和质量,还为企业的发展提供了有力的支持和保障。随着电子商务技术和应用的发展,对企业信息化和会计电算化提出了更新的要求和提供了广阔的发展空间,未来会计信息系统将会继续朝着更加智能化、高效化和个性化的方向发展。

第三章

大数据赋能背景下信息技术在会计信息化中的应用

第一节 大数据技术在会计信息化中的应用

一、大数据的信息特征分析

(一)数据规模比较大

随着信息技术的迅猛发展,数据的产生速度极快,每天都会有海量的数据被生成和存储。这些数据来自各个领域,包括社交媒体、电子商务、物联网等,其规模远远超出了传统数据处理系统的能力范围。因此,大数据的处理需要借助高性能的计算和存储技术,以应对如此大规模的数据量。

(二)数据种类比较多

传统的数据结构化数据已经不能满足大数据的需求,大数据包括结构化数据、半结构化数据以及非结构化数据。这些数据形式多样,可以是文本、图像、音频、视频等,每一种数据形式都有其独特的处理和分析方法。这种多样性的数据为大数据分析提供了更丰富的信息来源,同时也增加了数据处理的复杂性。

(三)数据处理速度快

在大数据时代,数据的价值往往与时间密切相关,因此,快速处理数据并提取有用信息是至关重要的。大数据处理系统需要具备高效的数据处理和分析能力,以便及时响应业务需求,提供准确的数据支持。这种快速处理数据的能力,使大数据在实时分析、预测和决策等方面具有巨大的潜力。

二、大数据在会计信息化建设中的应用建议

(一)宏观层面建议

在大数据时代,会计工作既面临着前所未有的机遇,也伴随着诸多挑战。为了充分发挥大数据技术在会计领域的优势,就需要在宏观层面提供有效的支持。针对此问题,可以采取以下几个方面的具体建议。

1. 统一会计信息通用分类标准

在大数据时代浪潮的席卷之下,众多企业单位纷纷投身于各式信息化系统的运用与整合中。然而,这种多元化、差异化的信息化系统架构也导致了大量异构数据的并存,使众多关键的财会信息数据难以得到高效共享与互通,进而形成了信息孤岛的现象。

面对这一亟待解决的难题,强烈呼吁国家各部、党委、总局等政府机构能够携手并进,共同研究并制定一套统一的会计信息通用分类标准。此举不仅能够为企业提供一套详尽且标准化的信息分类参考,有效避免信息数据的重复录入与上报,更能够显著提升信息处理的效率与准确性,为企业节省大量人力与物力成本。

这不仅是大数据技术在会计领域应用过程中所亟须的宏观政策支持与引导,更是推动会计行业信息化、规范化发展的必由之路。通过实

施统一的会计信息通用分类标准,打破信息孤岛的限制,实现财会信息的有效共享与整合,为企业的决策提供更为准确、全面的数据支撑。

同时,这一举措也将有助于提升我国会计行业的整体竞争力,推动会计行业的创新与发展,进而为经济社会的持续健康发展提供有力保障。因此,期待政府能够高度重视这一问题,尽快出台相关政策措施,为我国会计行业的信息化、规范化发展注入新的动力与活力。

2. 设计精细化的数据导出、导入及复制功能,以显著提升数据转换的便捷性与效率

为了进一步提升数据处理的灵活性及互操作性,特别设计并优化了数据导出、导入以及复制功能。这些功能不仅可为用户提供强大的数据处理工具,更能有效促进数据资源的共享与交流。

具体而言,可以针对会计准则通用分类标准(XBRL)构建一个标准统一的网络平台。在这一平台上,可以确保所有报表元素在统一的软件环境下,均采用相同的编码规范,从而彻底避免因编码不一致而导致的识别错误问题。这样的设计不仅有助于计算机对报表元素进行有效识别,同时也极大地提升了数据处理的准确性与可靠性。

此外,该平台所支持的数据导出、导入及复制功能,还将为信息资源共享提供坚实的保障。用户可以轻松地将数据导出至其他软件或平台,实现数据的无缝对接与整合;同时,通过数据导入功能,用户也可以便捷地将外部数据导入至平台内,以丰富数据资源并提升数据处理的效率。此外,复制功能更是为用户提供了便捷的数据复制手段,使用户能够轻松实现数据的快速复制与传递。

3. 深化部门单位间的联络与合作机制

通过政府与国家财务管理部门之间的紧密配合与协同合作,立志于在大数据时代背景下实现各类信息数据的深度整合与高效利用。为实现这一目标,特别设计了异构数据信息系统之间的数据交换接口,以确保企业单位能够便捷地采集系统中同类数据,并实现无缝的数据互通有无。这一举措从宏观层面为大数据在会计领域的广泛应用奠定了坚实的基础,并为其提供了有力的保障,有助于推动会计行业的数字化转型与发展进程。

（二）微观层面建议

在会计领域，大数据不仅要在宏观层面为行业提供坚实的支撑，而且企业自身同样应当深刻认识到大数据与会计工作紧密结合的重要性。基于此，企业需要在微观层面进行积极且有效的调整，以充分发挥大数据在会计工作中的应用价值。针对这一问题，这里提出以下几个方面的具体建议。

1. 精心策划并统筹布局，精心制定中长期信息发展蓝图

在大数据技术深入会计领域的应用过程中，企业务必建立一体化的数据信息管理部门，确保数据的标准化与高效管理；同时，构建统一的数据库，以便数据资源的集中存储与共享；此外，还需建立统一的财务信息系统，实现财务数据的集成化处理和高效利用。通过这一系列举措，能够有效地解决集团内部信息分散、各自为政的问题，确保信息资源的充分利用和高效协同。不仅是大数据时代下企业应对外部环境变革的必要举措，更是从微观层面推动企业内部管理优化和效率提升的重要步骤。

2. 逐步推进会计数据信息系统与业务数据信息系统的深度融合

在大数据浪潮席卷的时代背景下，企业应积极利用大数据技术，并将其高效应用于企业运营的各个环节。通过利用大数据技术，将客户关系管理、供应链业务管理、内部制度控制、管理会计体系、资金管理系统以及会计核算系统等模块进行有机整合，从而构建一个一体化的数据信息系统。这样一来，企业在进行重要决策时，不仅能够充分利用会计数据进行分析，更能深入洞察企业运营中的各类问题，为企业内部决策提供坚实可靠的数据支持。

通过逐步实现会计数据信息系统与业务数据信息系统的深度融合，企业能够更好地把握市场动态，优化资源配置，提升运营效率，进而实现可持续的健康发展。这一过程不仅体现了大数据技术在现代企业运营中的重要价值，也展示了企业在追求高效管理、精准决策道路上的不

懈努力和坚定决心。

3. 构建严谨内部控制与反腐机制

在会计领域深入应用大数据的时代背景下,构建科学且切实可行的内部控制与反腐机制显得尤为关键。此举旨在实现人机之间的有效互补与协同,进一步提升会计工作质量与效率。此外,还应致力于在核算系统与预算系统之间搭建起紧密的联系,通过系统集成,将二者之间的信息流动更加顺畅,从而为企业决策提供更加全面准确的数据支持。

在过渡发展阶段,企业可将异构系统集成作为一个重要战略方向,逐步推进各类系统的互联互通。当然,这一过程的推进需建立在企业资金能力允许的基础上,以确保各项工作的稳步进行。通过高效推进大数据技术在会计工作中的应用,可以进一步激发会计工作的创新活力,推动企业会计工作迈向更高的台阶。

4. 深入研发企业信息化数据系统

在这一关键进程中,必须紧密结合企业的实际运营状况,致力于解决报送软件与同行业其他公司软件之间的接口兼容性问题。为此,有必要建立一套标准化的数据接口平台,以实现数据信息与财务信息的顺畅、高效转换。此举不仅有助于提升数据处理效率,更能进一步推动大数据技术在会计领域的深入应用与发展,为企业创造更为显著的竞争优势与价值。

通过精心构建的数据接口平台,确保数据信息与财务信息的无缝对接,从而提升整个数据处理流程的效率和准确性。为企业的决策提供更为可靠的数据支持,有助于企业更好地把握市场动态,优化资源配置,提升运营效率。进一步促进大数据技术在会计领域的广泛应用,为行业的发展注入新的活力与动力。

5. 深入挖掘大数据技术的潜力,构建完善的数据仓库与数据集市

对于现代企业而言,充分利用大数据平台建立符合行业标准的数据仓库显得尤为关键。一旦数据仓库投入使用,它将能够支持标准化的数

据导入与导出操作,从而极大地促进企业内部的数据管理与分析。

通过构建这样的数据仓库,企业不仅能够深入分析自身的发展历程,还可以将视野扩展至更广阔的领域,例如,收集并整合其他上市公司公开披露的数据资源。在此基础上,企业可以进一步建立起行业的会计数据资源库,进而对整个行业的发展趋势进行深刻剖析。

通过对比行业数据与本单位数据的分析结果,企业能够清晰地认识到自身发展的短板与优势,更加精准地制定策略、优化决策,实现持续改进与发展。这种基于大数据的分析方法不仅提升了企业决策的科学性,还有助于提高决策的执行效率。

按照标准化、基础性的原则构建数据仓库,有助于实现会计信息的共享与高效利用。同时,企业还可以根据实际需求,通过数据仓库构建数据集市,以便更加便捷地对特定领域的数据进行深入分析与挖掘。

6. 借助大数据应用推动会计信息系统建设的全面升级

在浩瀚的信息数据海洋中,挖掘并开发有效的信息已成为大数据时代的核心任务。因此,构建一套以大数据为核心的完整会计信息系统显得尤为重要。为实现这一目标,需要进一步加大资金投入力度,确保各项工作的顺利推进。这一复杂工程的成功实施,离不开领导层的决策与引领。需要自上而下地推动改革创新,不断改善和优化工程流程,确保各项措施得到有效执行。同时,加强上下级和各部门之间的沟通与协作,实现部门间的无缝对接与高效配合,共同为会计信息系统的建设贡献力量。对于企业的管理者和会计人员而言,更应积极学习掌握相关知识技能,提升数据处理和分析能力。通过加强企业内部数据的交流与共享,为大数据应用提供坚实的数据基础,从而推动会计信息系统建设的全面升级。

7. 运用先进网络技术及信息技术手段实现实时财务报告的有效传递

在大数据时代背景下,企业要想实现实时财务报告的目标,首要任务是在企业内部局域网中构建完善的会计信息系统,并充分发挥企业中心数据库的核心功能。通过整合财务数据和信息,企业可以更加便捷地进行数据分析和管理。

此外，企业还需积极促进局域网与外部网络的互联互通，以便实现与国际数据库的接轨，为实时财务报告提供更加全面、准确的数据支持。在这一过程中，会计人员的作用尤为关键，他们需要发挥专业技能，对财务数据进行简要的网页化处理，使之便于信息需求者查阅和使用。

同时，借助先进的信息技术，客户可以根据自己的需求轻松获取所需信息，生成个性化的财务信息页面，从而实现财务信息的高效共享和有效利用。这种实时财务报告的实现方式，不仅提高了信息披露的透明度和时效性，也有助于提升企业的财务管理水平和市场竞争力。

8.借助大数据平台有效规避风险

对于会计人员而言，预测未来发展趋势、规避潜在风险，必须依赖于对过去数据的深入分析与挖掘。具体而言，应从以下三个维度着手：首先，应科学制定数据评估方法，确保评估结果准确可靠，从而充分发挥数据在内控工作中的关键作用。其次，应通过大数据平台为决策层提供全面、精准的信息支持，使数据成为决策的有力依据。最后，利用大数据等先进技术提升实时识别风险的能力，有助于及时发现潜在风险，并采取有效措施进行规避，从而最大程度地减少企业损失。通过这三个方面的努力，会计人员不仅能够更加精准地把握市场动态和业务发展趋势，还能够有效地识别并规避潜在风险，为企业稳健发展保驾护航。

第二节　物联网技术在会计信息化中的应用

会计作为社会科学的重要组成部分，其产生、发展和变革无不深受外部社会环境的深刻影响，这种影响进而塑造了会计思想、方法和理论体系等多个方面。社会环境对会计的影响既深远又直接，不容忽视。通过物联网技术的应用，企业可以构建一个更加紧密、高效的网络系统。在这个网络中，不仅人与人之间的信息沟通将变得更加便捷，人与物、物与物之间的智能化交互也将成为可能。这种无障碍的智能化沟通将极大地促进企业内部各职能部门之间的协同与沟通,提升企业的整体运营效率和市场竞争力。

一、物联网

(一)物联网的概念

物联网是一个基于现代信息技术的先进网络,它通过射频识别、二维码等技术手段,将各种物品与网络紧密连接起来。这种连接不仅实现了物品信息的智能化采集和传输,更重要的是,它构建了一个能够智能化处理这些信息并管理物品的网络系统。物联网的核心在于"连接"与"智能",即通过各种传感设备实时收集数据,再通过互联网进行高效传输,最终实现物品的智能化识别、定位、跟踪、监控和管理。这一过程大大提高了物品管理的效率和精确度,同时也为人们的生活带来了极大的便利。可以说,物联网是信息技术发展到一定阶段的必然产物,它预示着万物互联时代的到来,将深刻地改变我们的生活方式和工作模式。

(二)物联网体系架构

物联网的技术体系主要由三个层面构成:感知层、网络层和应用层(图3-1)。如果将物联网比喻为社会中的个体,那么感知层就如同人体的皮肤和五官,负责对外界环境的感知和信息的采集;网络层则扮演着人体神经中枢和大脑的角色,将感知层收集的信息传输、处理和整合;应用层则相当于人在社会中的分工,通过对信息的深入挖掘和应用,实现物联网技术在各个领域的价值体现。这样的比喻不仅有助于我们更形象地理解物联网技术体系的各个层面,还能清晰地展现出它们之间的内在联系与协作机制。同时,这也为我们进一步研究和应用物联网技术提供了有益的启示和借鉴。

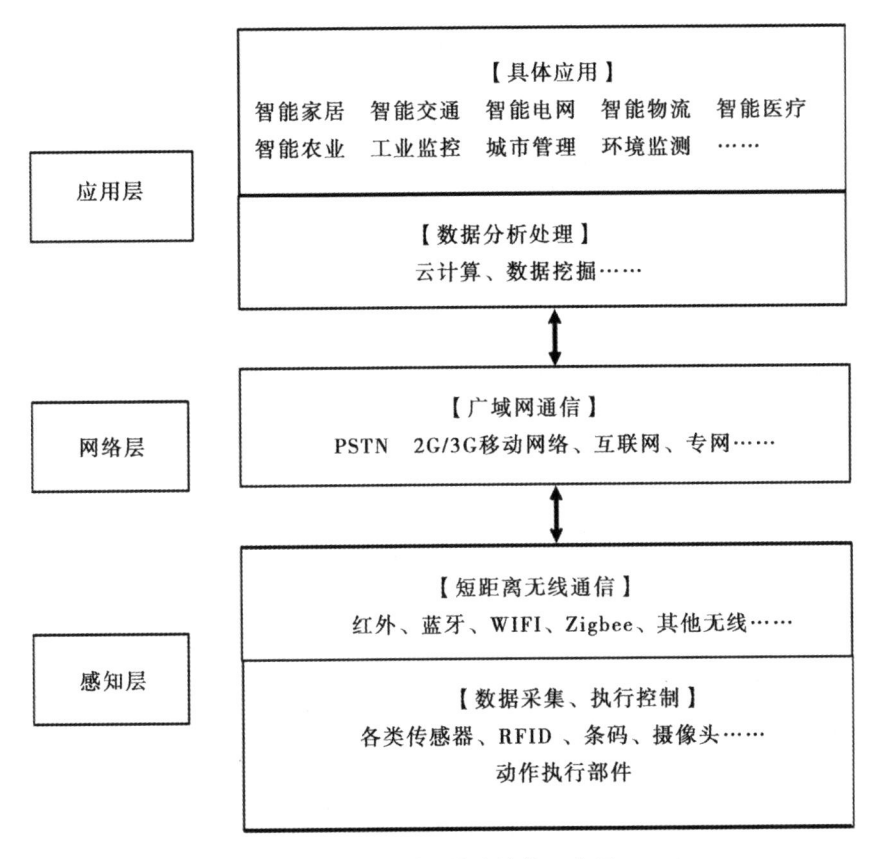

```
┌─────┐   ┌─────────────────────────────────────────────┐
│     │   │              【具体应用】                    │
│     │   │  智能家居  智能交通  智能电网  智能物流  智能医疗 │
│应用层│   │  智能农业  工业监控  城市管理  环境监测  ……    │
│     │   ├─────────────────────────────────────────────┤
│     │   │              【数据分析处理】                 │
│     │   │            云计算、数据挖掘……                │
└─────┘   └─────────────────────────────────────────────┘
                              ↕
┌─────┐   ┌─────────────────────────────────────────────┐
│网络层│   │              【广域网通信】                  │
│     │   │   PSTN  2G/3G移动网络、互联网、专网……        │
└─────┘   └─────────────────────────────────────────────┘
                              ↕
┌─────┐   ┌─────────────────────────────────────────────┐
│     │   │           【短距离无线通信】                  │
│     │   │      红外、蓝牙、WIFI、Zigbee、其他无线……     │
│感知层│   ├─────────────────────────────────────────────┤
│     │   │         【数据采集、执行控制】                │
│     │   │    各类传感器、RFID、条码、摄像头……           │
│     │   │    动作执行部件                              │
└─────┘   └─────────────────────────────────────────────┘
```

图 3-1 物联网技术结构示意图

1. 感知层

物联网的感知层是物联网三层架构中的最底层,也是与现实世界交互最直接的一层。它相当于物联网的"神经末梢",负责识别和采集各种物体的信息,并将这些信息转换成网络能够识别和传输的数据格式。

在感知层中,运用了各类传感器、RFID 射频识别技术、二维码技术、摄像头、GPS 等设备,实现对物品信息的全面感知和采集,这些设备能够监测和捕捉物品的状态、位置、环境参数等各种信息,并将其转化为电信号或数字信号,以供后续的处理和分析。

除了信息采集,感知层还承担着简单的信息处理和执行功能。它能够对采集到的信息进行初步的处理和筛选,去除冗余和错误信息,提取有用的特征数据,同时,感知层还能根据上层网络的控制指令,对物体进行简单的操作和控制,如开关灯光、调节温度等。

感知层是物联网系统实现智能化识别和管理的基础,它为物联网提供了丰富的数据源和准确的实时信息,使物联网系统能够更加精准地了解和控制物品的状态和行为。随着物联网技术的不断发展,感知层将会变得更加智能和高效,为人们的生活和工作带来更多的便利和创新。

2. 网络层

网络层的主要任务是,以迅捷、精确和可靠的方式,将感知层捕捉的细致数据信息传送到数据中心。这样,联网的物体就能凭借网络层的强大能力,实现远程及大范围的数据交换,从而奠定数据通信的坚实基础。

这一信息流通的过程,就好比人类依靠高效的交通工具,实现跨区域乃至跨国界的便捷流动。同样,在网络层内部,涵盖了多元化的网络与数据管理中心,包括管理中心、信息中心和处理中心等重要节点。这些中心如同人体内的神经中枢和大脑,协同工作,共同支撑着物联网的智能运作。

正是这些处理中心的精准调控与高效协同,使网络层能够成为物联网中不可或缺的一环,确保数据的流畅传输与精准处理,进而推动物联网技术的不断革新与发展。

3. 应用层

应用层作为物联网的"社会分工"环节,其个性化特点显著,紧密结合不同行业的个性化需求,进而实现全面而深入的智能化应用。在这一层级中,感知层所收集到的信息通过网络层得以传输至应用层,并被精准地汇聚在一起,形成一个庞大而全面的信息汇总。随后,这些信息借助于先进的信息处理系统,经过深度分析和科学决策,得以转化为具有实际应用价值的智慧成果。

处理后的信息将被广泛应用到各个领域,从而发挥物联网的应用与服务功能,不仅提高了社会各部门与行业的运作效率,也为其创新发展注入了强大动力。这一过程极大地推动了社会管理的精细化和社会服务的人性化,同时也促进了生产方式的转型升级,为整个社会的可持续发展奠定了坚实基础。

（三）物联网的特征

1. 物联网实现了"物"与网络之间的深度互联

在物联网的广阔环境中，各类物体通过嵌入智能芯片实现了与网络的无缝对接。这些智能芯片依托 RFID 技术，随时捕捉并发送物体的状态信息至网络。数据网络中的信息与物体自身的状态紧密关联，形成了一种动态的反馈机制。物体自身的属性信息，如位置、温度等，随着物体的状态变化而实时更新，并被精确地记录在智能芯片中。

智能芯片作为连接物体与网络的关键桥梁，不仅实时向网络系统传递关于物体的详细信息，而且确保网络系统的数据始终处于动态更新状态。使物体不再是孤立的实体，而是成为网络系统不可或缺的有机组成部分，共同构建了一个高效、智能的信息交互平台。

2. 实现信息源数据与物质实体的紧密直接关联

物联网技术的深入应用成功将"基于实物追踪数据"与"通过数据查证实物"的模式常态化，使物质实体与其相关的物质信息能够相互关联、互为映照。在这一体系下，物质实体的任何变动都会实时反映在信息源数据中，确保物体与数据源数据之间的严格对应与印证。这极大地克服了传统企业管理中普遍存在的物品信息与物体自身相脱节的问题，使数据源数据能够真实、准确地反映物体的实际状态。

3. 成功构建了实时化的信息处理系统

在传统的数据网络架构中，数据系统的录入过程通常依赖于人工操作，这种方式存在两大主要弊端。首先，由于人为因素的干扰，数据的真实性难以得到充分保障，可能出现误差或失真。其次，这种录入方式使反映物质属性的数据信息存在明显的滞后性，难以与物质属性的实时变化保持高度一致。

然而，随着物联网技术的广泛应用，数据库中的数据录入与更新方式发生了革命性的变革。物联网技术使数据库中的数据能够随着物质属性的变化实现实时更新，极大地简化了数据录入与更新的流程，显著提高了数据更新的效率。这一变革不仅增强了数据的客观性，减少了人为干预导致的误差，更使物质属性与数据网络中的数据能够实现动态同步更新。

因此，构建实时化的信息处理系统成为当下的必然趋势。借助物联网技术的力量，实现对数据的高效、准确处理，为各行业的决策制定提供更加可靠、及时的数据支持。

二、物联网技术应用于会计信息化建设的路径

随着物联网技术的迅猛发展，全球正在经历一场前所未有的信息化革命。物联网技术通过智能设备和传感器，将物理世界与数字世界紧密相连，为各行各业带来了深远的影响。在这个背景下，作为管理信息系统与商业语言的会计信息，也必然会发生重大变化，以适应这一技术变革带来的新挑战和机遇。

（一）利用 RFID 技术高效解决数据源问题

RFID，即无线射频识别技术，也被称为"电子标签"。它是一种依靠射频信号来识别特定对象并获取相关数据的自动识别技术，其独特之处在于整个识别过程无须人工干预，因此能够广泛应用于各种复杂甚至危险的环境之中。此外，RFID 技术以其快捷便利的操作方式，能够实现对高速移动物体以及多个标签的同时识别，大大提高了数据获取的效率。

RFID 技术的工作原理在于，当 RFID 标签进入 RFID 天线的工作范围时，RFID 读写器会发出射频信号，标签一旦接收到这一信号，便会通过内置的感应线圈产生感应电流从而被激活。随后，标签会通过内置的天线将存储在电子标签芯片中的物品编码信息发送出去。读写器接收到这些载波信号后，会进行解码处理，并将解码后的信息传送至后台系统进行进一步的分析和处理。根据后台系统的运算和判断结果，可以对各种业务数据进行实时处理（图 3-2）。

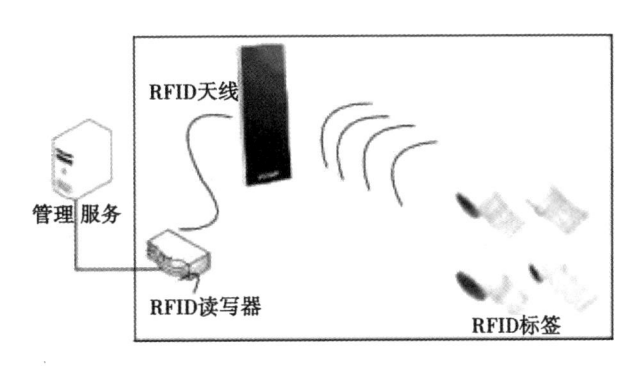

图 3-2　RFID 工作原理图

以企业采购为例,通过将 RFID 标签嵌入原材料中,并在入库、领用、生产、销售等关键环节中设置感应器,可以实现与标签之间的实时"信息交流"。整个数据获取过程无须人工参与,数据信息交流将随着物品的流转而自动进行,从而确保业务数据能够及时、准确地被获取和记录。不仅提高了工作效率,还确保了会计数据的真实性和可靠性。

在物联网环境下,财务信息系统数据的收集、更新等操作均可以在业务发生时即刻进行,从而有效解决了会计数据源中数据及时性的问题,使企业能够更快速地做出决策并应对市场变化。

由于 RFID 标签具有较大的数据存储量,因此可以在物品流通的每个环节中写入更多、更全面的信息。不仅包括财务方面的信息,还包括非财务方面的信息。通过这种方式,可以有效解决会计数据源中数据完整性的问题,使企业能够更全面地了解自身的业务状况和运营情况。

(二)优化会计信息化成本结构

随着物联网技术的迅猛发展,它为会计信息化标准建设提供了坚实的技术支撑,进而有助于缓解当前存在的一系列问题。可扩展商业报告语言(即 XBRL)作为物联网技术在财务管理领域的最新应用成果,正逐渐展现出其独特的优势。

XBRL 语言能够基于财务信息自动生成标准化财务报表,进而形成简明扼要的财务分析报告。它能够将财务报告内容细化为多个独立的数据元,并为每个数据元赋予唯一的数据标记,从而实现了财务报告的标准化处理。这种标准化的财务报告信息不仅方便了信息的跨语言、跨平台传输与使用,提高了工作效率,而且大幅降低了处理成本。

(三)推进会计监督信息化进程

借助 RFID 技术,能够有效实施监督、决策与执行等各个环节,从而构建一套与经营管理需求紧密契合的信息系统。通过将这一系统与内部控制流程深度整合,能够实现对相关事务的自动化控制,极大地减少了人为因素的干扰,有效降低了单位内部控制的成本。

此外,物联网技术作为现代会计监管领域的一项创新手段,为财务层面的内部控制提供了有力支持。通过运用物联网技术,能够确保财务内部控制的精准实施,使会计监督工作更加科学化、规范化、信息化和现代化。

第三节 云计算技术在会计信息化中的应用

一、云计算的含义与特征

(一)云计算的含义

随着信息技术的迅猛发展,云计算作为一种新兴的计算模式,正在逐步改变我们处理、存储和共享信息的方式。面对日益增长的海量数据处理需求,传统的计算模式显得力不从心,因此,云计算的概念应运而生。

云计算是一种基于互联网的服务模式,它将计算、网络、存储等基础资源集成到一个大型的资源池中,这些资源池由云服务提供商进行统一的管理、调度和维护。用户可以通过网络访问这些资源,按需使用,并按使用量付费。这种服务模式极大地提高了资源的利用率,降低了用户的成本,同时也为用户提供了更加灵活、便捷的服务体验。

（二）云计算的特征

1. 资源共享

在云计算环境中，硬件资源如服务器、存储设备和网络设备等被集中管理和虚拟化，形成了庞大的虚拟资源池。这些虚拟资源可以被多个用户或应用程序同时访问和使用，实现了资源的最大化利用。

资源共享不仅提高了硬件的利用率，降低了硬件成本，同时也为用户带来了诸多便利。用户无须在本地购买和维护昂贵的硬件设备，只需通过云端即可获取所需资源。这种灵活性使企业能够快速适应市场变化，满足业务增长的需求。

此外，云计算的资源共享特性还保证了数据的安全性和隐私性。通过严格的权限管理和加密技术，用户的数据在云端得到了有效保护，避免了数据泄露和丢失的风险。同时，多用户之间的数据隔离也保证了用户数据的独立性和安全性。

2. 高可靠性

云计算之所以被赞誉为具有高度可靠性的特点，这主要归功于云服务提供商在多个不同地理位置精心部署的数据中心，同时结合冗余与备份策略，确保数据与应用程序的安全与稳定。这种数据冗余策略意味着关键数据会在多个地点被妥善保存与备份，哪怕某一地点发生硬件故障或网络中断等不测，其他地点的数据仍能保持完好无损，随时供用户调用。备份策略则是为数据和应用程序的安全保驾护航，一旦遭遇故障，能迅速启动恢复机制，最大程度减少因数据丢失带来的损失。

正是基于这样的双重保障，云计算极大地降低了因硬件故障、自然灾害或其他突发事件造成的数据丢失和业务中断的风险，为用户提供了稳定且高效的数据存储与应用程序服务。此外，云服务提供商还会对基础设施与服务状态进行实时监控，并配备警报系统。通过这些先进的监控与警报机制，能够及时发现潜在的性能瓶颈或故障隐患，并迅速采取应对措施进行修复，确保服务的持续稳定运行。

二、云计算在会计信息化中应用的优劣势

（一）优势

第一，云计算技术为会计信息系统提供了可靠的数据存储和备份解决方案。相较于传统的本地服务器存储方式，云端存储通过数据中心的备份和冗余机制，能够更有效地确保数据的安全性和可靠性，防止数据丢失。

第二，云计算技术使会计信息系统的资源可以方便地在多用户之间共享，实现协同办公。这种云端平台允许多部门之间同时访问和编辑数据，不仅提高了工作效率，而且减少了硬件设备的投入和维护成本。

第三，利用云计算技术，会计信息系统可以对海量的会计数据进行深度挖掘和分析，提供科学依据以支持企业的决策。这种能力远超传统会计信息系统仅能提供的基本数据查询和报表功能。

第四，云计算技术使会计信息系统能够根据企业的实际需求灵活调整资源的规模和配置。无论是快速扩容还是缩减，都能迅速响应企业业务的变化，大大降低了企业的运维成本。

第五，云会计使企业财务会计、管理会计的信息能够实现移动办公。会计人员可以随时随地进行会计处理和资料查阅，极大提升了工作的便捷性和效率。

第六，云计算允许企业根据需要购买计算能力，从而降低了在硬件和软件方面的投入，进一步优化了成本结构。

（二）劣势

1. 平台模式缺乏多样化

目前，诸多云服务商普遍采用公共云平台作为基础，为客户打造和部署会计云平台，而鲜少提供私人定制化的服务。这种单一化的平台模式尽管能满足基本需求，但在个性化和精细化服务方面显得力不从心。

相较之下，私人定制云平台是根据企业的独特需求、业务流程以及安全标准量身打造的，因此在适用性、便捷性和安全性上均有着显著优势。然而，私人定制云平台的创建成本相对较高，使许多企业在权衡利弊后选择放弃，转而采用公共云平台。尽管短期内可以节省成本，但长远来看，由于公共云平台无法完全满足企业的个性化需求，在一定程度上制约了企业会计信息化建设的步伐，进而影响了企业的整体发展。因此，如何在保障服务质量和降低创建成本之间找到平衡点，成为当前云服务商和企业共同面临的挑战。

2. 数据安全性亟待提升

在云计算环境中，数据通过互联网进行传输，这个过程中数据可能被黑客窃取、篡改或泄露。例如，黑客可能会利用网络安全漏洞入侵服务器，访问企业的敏感财务数据。这种风险的存在使许多企业对云计算服务持谨慎态度。除了外部攻击，云计算服务提供商内部也可能存在数据安全风险。如果服务提供商的员工或管理人员处理不当或滥用会计信息，将对数据的安全性构成严重威胁。这种内部风险往往更难以防范和控制。在云计算环境中，不同用户的会计信息存储在云端，如何确保数据不被其他用户访问、篡改或删除是一个重要问题。数据隔离技术的完善程度直接影响着云计算服务的安全性。因此，企业在应用云会计软件时，应该加强数据安全防范，通过采取更为严密的安全措施，确保企业数据的安全与完整，为企业的稳定发展提供坚实的保障。

三、云计算应用于会计信息化实施流程

（一）精选会计信息化模式

会计信息化模式呈现出多样化的态势，其中主要涵盖软件即服务（SaaS）、平台即服务（PaaS）以及基础设施即服务（IaaS）三种类型。这些模式各具特色，不仅彼此间相互关联，更呈现出层层递进的关系，共同构成了会计信息化建设的多元化体系。

例如，借助云平台技术开发的会计信息化系统，能够实现财务报表

的自动生成、财务核算的自动化以及资产管理的智能化等功能。同时，中小企业还可以根据自身的实际情况和特殊需求，为系统定制更多个性化功能，进一步提升其管理效能和竞争力。

当然，随着企业的不断发展和财务管理需求的升级，中小企业完全可以在后续阶段，选择 PaaS 或 IaaS 等更为高级的会计信息化模式，以满足更为复杂和精细化的财务管理需求。这样既能确保企业在会计信息化建设上的灵活性和可扩展性，又能助力企业实现持续稳健的发展。

（二）精心挑选云服务商

企业在明确会计信息化模式之后，接下来的关键步骤便是挑选合适的云服务商以建立稳固的合作关系。在选择云服务商的过程中，企业应开展深入的市场调研，全面了解各家服务商的口碑、信誉、服务质量及收费标准，从而确保选择的云服务商具备良好的业界声誉和较高的服务质量，且价格合理。

在调研的基础上，企业还需对不同软件产品的特点、优势及功能进行细致比较，深入了解其产品性能和特点。在综合考虑自身业务需求、资源配置、安全需求以及未来扩展潜力等因素后，企业应结合实际情况，挑选出既符合业务需求，又能够推动企业会计信息化建设的优质云服务商。这一过程旨在确保企业与云服务商之间建立起高效、稳定的合作关系，为企业会计信息化建设的顺利推进提供有力保障。

（三）产品试用与运行阶段

在选定云服务商之后，企业应着手进行产品的试用与运行工作。这一环节的关键在于全面、细致地评估产品的各项性能，确保所选产品能够充分满足企业的实际需求。

首先，企业需验证会计信息化模式是否适合企业的实际情况。若在应用会计信息软件后，会计核算效率显著提升，会计信息收集和整合更为便捷，会计凭证管理更加规范，财务风险防控能力明显增强，则表明该软件较为符合企业的需求。

其次，企业应加强对会计人员的培养。在应用会计信息软件后，会计工作模式将发生显著变化，对会计人员的业务能力提出新的要求。因此，企业需组织专门的培训课程，帮助会计人员尽快掌握软件的应用技巧，熟悉新的工作流程，确保软件能够充分发挥作用。

最后，在产品试用运行后，若企业对产品的性能表现较为满意，便可与供应商签订合作协议，正式启用该会计信息软件，推动企业财务管理的数字化转型。通过这一阶段的精心组织与实施，企业能够顺利实现会计信息化目标，提升财务管理水平，为企业的持续发展奠定坚实基础。

三、云计算应用于会计信息化优化策略

（一）以实际需求为基准迁移会计信息

企业的会计信息化建设是一项综合性强、涉及面广的复杂工作，它要求企业在推进过程中充分考量多种因素，确保每一步都稳健而精准。在云会计这一新兴环境下，企业不仅能够简化烦琐的会计信息化流程，更能充分发挥信息技术的优势，推动会计工作向更高效、更智能的方向发展。

会计信息的迁移是指将会计信息化深度融入企业的各项业务与管理活动，推动企业整体运营效率的提升。在技术层面，企业需采取一系列有效措施，确保在迁移过程中数据的安全性和完整性得到充分保障。包括但不限于采用先进的数据加密技术、建立完善的数据备份与恢复机制以及提升数据共享效率等。

（二）精心选择云会计产品

第一，企业应制定科学合理的会计信息化建设目标和规划，以确保信息化建设能够稳步推进。在此基础上，针对不同阶段的建设目标和规划，制定翔实有效的分析评价体系，并设置合理的评价指标，从而确保评价体系的科学性与实用性。

第二，企业需紧密结合自身业务需求、所处行业的发展趋势以及市场环境的变化，对市面上琳琅满目的云会计产品进行全面细致的分析。通过对产品的功能特点、技术实力、服务质量以及价格水平等方面的综合考量，筛选出符合企业需求的潜在供应商范围。

第三,企业在选择云会计产品时,应全面考虑产品的各方面特性以确保其满足实际需求。要明确企业的具体需求和目标,对云会计产品的功能和性能进行客观评估,确保其提供全面的会计功能并具备良好的稳定性和响应速度。同时,易用性和用户体验也不容忽视,选择界面友好、操作直观的产品能够提高会计人员的工作效率。数据安全性是另一个关键因素,所选产品应具备高级别的数据加密和安全防护措施,以确保企业数据的安全。此外,考察云会计服务提供商的客户服务和技术支持能力也至关重要,以便在使用过程中遇到问题时能够得到及时解决。企业在选择时还需综合考虑产品的成本与性价比,以及市场口碑和成功案例,从而找到最适合自身的云会计产品。像市场上广泛应用的用友、金蝶等云会计产品,服务质量和技术发展较为成熟,可作为企业选择的参考。

(三)高度重视云计算数据安全问题,切实保障会计数据的稳固与可靠

企业在选择云计算服务时,务必审慎对待,确保所选服务商具备相关资质和卓越品质。根据企业自身情况,精心挑选合适的服务项目,确保能够高效、安全地推进会计信息化进程。

云计算服务商在为企业提供会计信息化服务的过程中,需对企业资料实施严格的管理措施。一方面,应建立授权管理机制,对资料访问权限进行严格控制,确保只有授权人员能够访问相关信息;另一方面,还应做好信息资料的备份工作,通过合理的备份布局,防范软硬件故障导致的数据损坏和丢失风险。

此外,云计算服务商应持续提升安全技术水平,构建坚实的防护体系。通过建立防火墙等有效的软件防护措施,有效抵御黑客攻击和信息数据破坏的风险。同时,在密码设置方面,应增加加密层级,采用动态密码、多层防护等先进技术手段,全面提升企业信息数据的安全防护能力。

对于企业自身而言,同样需要加强内部管理,严格控制访问权限。通过将责任落实到个人,明确各级人员的职责和权限,有效防止商业竞争对手非法获取会计信息资料。同时,企业还应定期开展安全培训,增强员工的安全意识和提高操作技能,共同维护企业的信息安全。

第四节 人工智能技术在会计信息化中的应用

一、人工智能技术概述

（一）人工智能的定义

人工智能（Artificial Intelligence，AI）是一个涉及多个学科领域的综合性技术，指用机器去实现所有目前必须借助人类智慧才能实现的任务。它基于学习能力和推理能力的不断进步，旨在模仿人类思考、认知、决策和行动的过程。

人工智能的原理主要基于计算机科学、数学和控制论等多学科的理论和技术。核心在于通过模拟人类的思维和行为过程，使机器能够完成复杂的任务。包括知识表示、推理过程、机器学习、感知与识别、自然语言处理和决策与优化等方面。

目前，人工智能被广泛应用于多个领域，包括家居、制造、金融、医疗、安防、交通、零售、教育和物流等。在制造业中，人工智能推动了智能装备、智能工厂和智能服务的发展。在金融行业，人工智能可以进行自动获客、身份识别、大数据风控等。在医疗行业，人工智能辅助诊断、医疗影像及疾病检测等。此外，人工智能还在智能安防、智能交通、零售和物流等领域发挥着重要作用。

（二）人工智能的主要技术组成

1. 机器学习

机器学习是指通过算法让计算机系统能够从数据中自动学习并改

进其性能。机器学习涉及多个领域,如统计学、优化理论和计算机科学等。主要包括监督学习、无监督学习和强化学习等方法。在监督学习中,算法通过对已知的输入—输出进行学习;无监督学习允许算法从数据中发现隐藏的结构;强化学习则通过试错的方式,让算法在与环境互动中逐渐优化其决策。机器学习广泛应用于文本分类、图像识别、语音识别等多个领域,为人工智能技术的发展提供了强有力的支撑。

2. 深度学习

深度学习是机器学习的一个分支,它通过构建多层的神经网络来模拟人脑的工作方式。深度学习模型,如卷积神经网络(CNN)和循环神经网络(RNN),可以从大量的原始数据中自动学习特征表示,从而实现复杂的模式识别和分类任务。与传统的机器学习算法相比,深度学习具有更强的表达能力和更高的灵活性,能够处理更加复杂的数据和任务。深度学习在图像识别、语音识别、自然语言处理等领域取得了显著的成果,并正在逐步改变人们的生活和工作方式。

3. 自然语言处理

自然语言处理(NLP)是人工智能领域中处理人类语言的重要技术。它涉及语言理解、语言生成以及语言与人类之间的交互等多个方面。NLP的目标是让计算机能够理解和生成人类语言,并实现与人类之间的自然交互。NLP技术包括语言模型、语义理解、机器翻译、情感分析等。近年来,随着深度学习技术的发展,NLP在多个领域取得了显著的进步,如智能问答系统、社交媒体分析、情感分析等。NLP技术的发展为人工智能在人机交互、智能客服等领域的应用提供了可能。

4. 计算机视觉

计算机视觉是人工智能领域中处理图像和视频的技术。它旨在让计算机能够像人类一样理解和感知现实世界中的视觉信息。计算机视觉技术包括图像识别、目标检测、图像分割、人脸识别等。通过利用深度学习等技术,计算机视觉系统已经能够处理复杂的图像和视频数据,并在多个领域得到了广泛应用,如安防监控、自动驾驶、医疗诊断等。计算机视觉技术的发展为人工智能在视觉感知和智能决策等领域的应用提供了重要支持。

5. 语音识别

语音识别技术是通过计算机对语音信号进行处理和分析,将其转化为文本或命令的技术。语音识别系统首先将语音信号转化为电信号,然后利用声学模型和语言模型对信号进行解码和识别。近年来,随着深度学习技术的发展,语音识别系统的性能得到了显著提升,已经能够处理复杂的环境噪声和口音问题。语音识别技术广泛应用于智能助手、语音翻译、智能家居等领域,为人们提供了更加便捷和自然的交互方式。

上述列举的内容仅是人工智能领域众多前沿技术中的冰山一角,这些技术不仅奠定了众多创新应用的基础,还为诸如汽车自动驾驶、个性化医疗等领域注入了源源不断的技术动能。在这些先进技术的支撑下,各行各业得以焕发新的生机与活力,不断推动人类社会迈向更加智能化、高效化的未来。

(三)人工智能的应用趋势

随着人工智能(AI)技术的不断进步与成熟,其在各行业的应用正呈现出蓬勃的发展态势。近年来,诸如医疗、金融、制造以及零售等多个领域纷纷开始深度整合 AI 技术,以谋求更高效、精准的运营与发展。

在医疗领域,人工智能技术的运用已日益广泛。借助先进的算法和大数据分析,AI 在疾病预测、诊断辅助以及个性化治疗计划制定等方面发挥着举足轻重的作用。不仅提升了医疗服务的精准度和效率,也为患者带来了更加优质的医疗体验。

在金融领域,AI 技术同样展现出了强大的应用潜力。算法交易、欺诈检测以及风险评估等领域的智能化升级,正推动着金融行业的创新发展。借助 AI 技术,金融机构能够更准确地识别风险、优化投资策略,从而为客户提供更加安全、可靠的金融服务。

此外,随着物联网、大数据和云计算等技术的不断普及,AI 的应用场景也在不断扩展,为各行各业提供更加全面、深入的解决方案,推动各行业的数字化转型和创新发展,为人们带来更为便捷、高效的生活体验。

二、人工智能技术在会计信息化应用中的挑战

(一)数据隐私保护的挑战与应对

会计信息系统中的数据隐私保护是一项亟待解决的重要课题。在保障数据隐私方面,必须严格遵循以下两大原则。

第一,严格遵守数据使用权限的规定。任何未经合法授权的个人或组织,都严禁接触、使用或泄露会计信息系统中的任何数据和个人信息。这是维护数据安全与个人隐私权益的基石,任何形式的违规操作都将受到法律的严厉制裁。

第二,在使用人工智能技术进行数据处理时,必须采取一系列有效的措施来确保数据隐私得到充分保护。包括但不限于采用先进的加密技术来保护数据在传输和存储过程中的安全,设立严格的数据访问权限管理制度,以及定期对数据进行备份和审计。通过这些措施,可以最大限度地降低数据泄露和被滥用的风险,确保会计信息系统的安全稳定运行。

(二)算法不透明问题

算法不透明问题主要体现在人工智能技术处理数据的过程中,其算法结构复杂、计算逻辑深奥,从而导致算法的具体操作细节和推理过程难以被人类理解和清晰阐述。这种不透明性会引发一系列问题。

算法不透明使我们无法追溯算法结果的来源。由于算法内部处理流程不易被揭示,难以明确数据是如何经过算法的处理,进而得出最终的结论或预测结果。这种无法追溯的情况使结果缺乏可信度和说服力。

算法不透明也导致我们无法有效查明算法可能产生的错误或偏差。当算法在处理数据时产生不符合预期的结果时,由于我们无法深入了解算法的内部运作机制,因此难以准确判断问题所在,进而难以制定针对性的纠正措施。

算法不透明还会给算法的监督和审查工作带来困难。在会计信息

化领域,对算法的有效监督和审查是确保数据准确性和信息安全的重要环节。然而,由于算法的不透明性,难以对算法进行深入的审查和评估,从而无法充分保障其合法性和合规性。

(三)人工智能技术与会计专业知识融合尚显不足

在会计领域,问题通常具有高度的复杂性和综合性,涉及财务、税务、审计等多个维度,要求决策者能够全面、深入地理解这些领域之间的内在联系和相互影响。

相比之下,人工智能在处理这些复杂问题时往往只能从数据的角度进行单一维度的分析,难以全面把握问题背后的多种因素和它们之间的复杂关系。这就需要人类会计师运用其丰富的专业知识和经验,进行综合性的分析和判断,从而得出更为准确、合理的结论。

因此,在当前的会计工作中,人工智能技术和人类会计师的专业知识仍需相互补充、相互支持,以实现更为高效、准确的会计工作。

三、人工智能技术应用于会计信息化发展的具体路径

(一)革新传统财务工作,迈向智能化发展新征程

在传统的会计行业中,基础而烦琐的财务工作,如建立账簿、填制凭证和编制财务报表,是必不可少的环节。这些工作对于小规模企业或许尚能应对,但在业务庞杂的大型企业,如房地产或金融公司中,却成了一项沉重的负担。这些任务不仅消耗巨大的人力、物力和时间资源,而且效率低下,错误频发。针对这一现状,人工智能技术的应用为会计行业的财务统计和数据分析提供了智能化的采集与审计体系。通过人工智能按照内部特定的算法和框架进行数据处理,不仅能够大幅减少人工操作的失误率,还能确保整个数据处理流程的准确性和高效性。这种智能化的数据处理机制完全由财务机器人自主完成,极大地提高了工作效率和准确性。

为深化会计专业知识与人工智能技术的交融,应优化人工智能技术应用的智能水准和精准度。

首先，强化会计专业知识的学习与培训力度，使会计人员具备扎实的会计基础理论知识和实践技能。其次，加大对人工智能技术研究和开发的投入，推动会计人员与技术人员的跨界合作。

人工智能的应用使服务于会计岗位的专业人员得以从基础性、繁杂性的工作中解放出来，将更多的精力投入到更高层次的工作中，如内部建设、战略规划等。不仅能够充分发挥会计人员的专业优势，还能为企业创造更大的价值。因此，人工智能的引入是推动会计行业实现智能化转型发展的重要举措之一。

（二）深化会计信息系统建设，迈向智能化 AI 操作时代

在会计信息化系统的运作过程中，原本主要依赖计算机内建的标准程序来高效地搜索和整合内部数据。但随着 AI 技术的持续渗透，该系统已经历了显著的升级。借助智能化的操作机制，它现在能够对当前的数据任务进行深度分析和精确评估。与传统的信息系统操作相比，AI 的加入更注重以智能系统取代僵化的数据处理方式，进而打造一个更加成熟、高效的智能计算架构。

在构建此系统的过程中，可巧妙地将 AI 技术和数据库技术结合起来，并将其嵌入到系统模型中。通过两个相辅相成的子模块，实现了对会计信息化系统的综合集成管理。这样的策略使会计信息系统能够轻松地在结构化和非结构化数据之间进行精确推理，从而为企业提供坚实的数据支撑以做出决策。

以往，财务专员在处理相关业务数据时，常常需要耗费大量时间和精力去查找原始票据。如今，得益于数据监测和深入分析，能够更为迅速地完成对基础任务的判断，有效地减少了由人为失误引发的数据错误。同时，AI 技术的运用也显著提升了数据处理的效率和精确度，使财务人员能够有更多时间投入到更高级别的分析和战略规划中。

但也需明确认识到，仅依赖数据进行检索和处理的传统会计信息化系统仍存在某些风险。例如，数据造假、内部数据篡改等问题都可能给企业造成重大的经济损失。特别是在某些情形下，个别财务人员或许会滥用其权限进行不法操作，进而导致数据失真等问题。

因此，在推进会计信息化系统的发展中，既要关注技术的引进和应用，也要强化对系统的监督与风险管理。通过深入运用 AI 技术，可以实

现核算流程的自动化和智能化,利用财务机器人完成对数据的多维度搜索和分析。此技术方案的快速响应和时效性,使其能够对各个流程进行实时的加密控制。一旦发现系统存在潜在风险,便能立即发出警报并采取相应的预防措施,从而显著提升会计信息化系统运作的安全性和稳定性。

第四章

大数据赋能背景下会计信息系统建设

第一节 会计信息系统的基本构成与组织模式

一、会计信息系统概述

(一)会计信息系统的概念解析

会计信息系统是一个应用电脑技术的综合性系统,旨在处理和分析会计凭证、会计科目、会计核算以及管理核算等会计数据和信息。它的核心功能是完成会计数据的采集、存储、加工、传输以及输出,以实现会计核算任务,并为会计管理、分析与决策提供相关的会计信息。会计信息系统的核心部件是会计数据库,用于存储和管理海量的会计数据。在使用该系统时,财务人员首先输入会计凭证,生成会计科目,建立会计核算,并最终存储会计报表,从而完成会计资料的录入和报表的输出。会计信息系统具有数据来源广泛、数据量大、数据结构和处理流程复杂等特点,同时对数据的真实性和可靠性有着极高的要求。此外,该系统还具备严格的制度规定,确保留有明确的审计线索,并对信息输出的种类、数量和格式都有严格要求。在数据处理过程中,安全和保密性也是不可忽视的重要方面。通过电子记账、核算、报表、分析以及数据库处理等功能,会计信息系统不仅提高了会计数据处理的效率和准确性,更为企业提供了完善的管理信息服务,使经营管理更加科学化,进而提升企业的绩效和经济效益。然而,在电算化条件下,会计信息系统也经历了一系列变革,这些变革虽然提升了工作效率,但也带来了新的风险,如数据输入操作不当、数据与责任高度集中等,需要企业在使用时加以特别关注和控制。

总的来说,在信息化时代的浪潮中,会计信息系统以其高效、便捷的特性,为企业的财务管理和决策支持提供了强有力的支撑。通过该系统,企业可以实现对会计数据的实时更新、快速查询和深入分析,从而更加精准地把握财务状况,优化资源配置,提升经济效益。

(二)会计信息系统的特点

会计信息系统的特点如表4-1所示。

表4-1 会计信息系统的特点

特点	具体阐述
数据量大且复杂	会计信息系统需要处理的数据涵盖了企业的所有财务交易和事件,不仅数量庞大,而且类型复杂,包括现金、银行存款、应收账款、应付账款、存货、固定资产等多个方面
数据处理规则严格	在处理财务数据时,会计信息系统必须严格遵守会计准则、法规和企业内部的会计制度。这些规则对财务数据的分类、计量、确认、记录和报告等方面都有具体要求,确保财务信息的合规性和准确性。当会计准则或相关法规发生变化时,会计信息系统需要及时更新和调整其数据处理规则
数据的真实性、准确性和安全性要求高	会计信息的准确性和真实性是会计工作的基本要求,也是会计信息系统的重要特点。任何错误或虚假的数据都可能导致财务报告的失真,影响企业的决策和投资者的判断。因此,会计信息系统必须采取严格的数据验证和审核措施,确保数据的准确性和真实性。另外,会计数据是企业的重要资产,涉及企业的财务状况和经营成果。因此,会计信息系统必须采取严密的安全措施,保护数据不被非法访问、篡改或泄漏。这包括数据加密、权限控制、备份和恢复等安全措施

续表

特点	具体阐述
实时性与动态性	会计信息系统需要实时地反映企业的财务状况和经营成果,为企业提供及时的决策支持。随着企业经济活动的不断进行,会计数据也在不断地更新和变化。因此,会计信息系统需要具备动态处理数据的能力,能够实时地反映企业的财务状况和经营成果
集成性与共享性	会计信息系统是企业管理信息系统的一个重要组成部分,需要与其他子系统进行数据交换和信息共享。通过集成性和共享性,会计信息系统可以更好地满足企业的管理需求,提高管理效率。例如,会计信息系统可以与生产系统、销售系统等进行集成,实现财务与业务的协同管理
辅助决策功能	会计信息系统不仅提供基本的会计核算和财务报告功能,还具备辅助决策的功能,通过分析财务数据,会计信息系统可以为企业提供财务预测、财务分析、财务决策等支持,帮助企业做出更加明智的决策

(三)影响会计信息系统的因素

1. 会计业务的组织形式

随着企业规模的扩大,会计业务需要更加精细地分工。一般而言,规模越大的企业,会计业务的分工越细。分工的形式通常根据业务内容划分为不同的组,每个组再根据具体业务内容进行细分,由多人共同完成。这种分工方式能够提高工作效率,确保会计工作的准确性和专业性。

2. 企业规模的大小

企业规模的大小直接影响到会计业务量的大小和会计工作的要求。规模较大的企业通常拥有更多的人员、固定资产、产值产量、销售业务量以及更为复杂的管理组织模式。这些因素都会导致会计业务量的增加和会计要求的提高。因此,在选择和设计会计信息系统时,必须充分考虑企业规模的大小,以确保系统能够满足企业的实际需求。

3. 单位内部的组织形式

（1）集中核算组织模式

在这种模式下，各业务核算部门的办公地点通常相邻，便于沟通和协作。这种组织形式有利于信息的集中管理和统一处理，但也可能导致信息传输的延迟和效率下降。因此，在采用集中核算组织模式时，需要充分考虑信息系统的性能和稳定性，确保能够及时处理和传输大量数据。

（2）分散核算组织模式

在分散核算组织模式下，某些核算科室可能相距较远。这种组织形式虽然能够提高信息的分散处理和响应速度，但也增加了信息管理的难度和复杂性。为了确保信息的准确性和一致性，需要采取更加严格的信息管理和控制措施。

（四）会计信息系统的构建策略

1. 上级推广策略

上级推广策略具有显著的优势，如实施迅速、费用节省，且有上级主管部门的全力支持。所推广的软件通常具有较高的适用性和实用性。然而，此种策略亦存在其局限性，尤其在软件后期的维护和升级方面，可能会面临一些挑战和困难。

2. 购买商品化财务软件

购买商品化财务软件同样具备快速实施和费用节省的优点。商品化财务软件通常具有较高的软件质量和安全保障，软件维护也更为便捷。然而，由于商品化软件的通用性特点，其对于特定系统的适应性可能不尽如人意。此外，由于缺乏源代码，软件的二次开发和定制修改可能会受到限制，对于大型和中型企事业单位而言，可能难以完全满足其复杂的会计需求。

3. 会计信息系统的自主开发

自主开发会计信息系统则是一种更加灵活和定制化的策略。通过自行开发、委托开发、联合开发或购买现成软件包进行二次开发等形式，可以根据企事业单位的实际情况和技术力量，量身打造符合自身需求的会计信息系统。这种方式能够确保系统的实用性和易维护性。然而，自主开发需要投入较大的费用和时间成本，并需培养专业的开发团队。此外，由于软件是针对特定需求定制的，其通用性可能相对较弱，对于应对未来可能的变化和挑战，可能存在一定的局限性。

二、会计信息系统的构成

（一）会计信息系统的划分方法

1. 依照会计信息系统的服务层次及信息提供深度进行分类

（1）核算型会计信息系统

核算型会计信息系统主要侧重于对经济业务的事后反映。这一系统通常由多个子系统构成，包括但不限于账务处理、销售及应收管理、采购及应付管理、存货核算、工资核算、固定资产核算、报表生成以及领导查询等功能模块。通过这些模块，企业可以准确、及时地反映其经济业务活动的财务状况和经营成果。

（2）管理型会计信息系统

管理型会计信息系统在核算型的基础上进一步拓展，注重预算管理、计划制定以及执行过程中的控制与检查。通过对数据的深入分析，该系统能够帮助企业实现事前计划、事中控制以及事后核算和分析，从而有效提升企业的管理水平和经济效益。

（3）决策型会计信息系统

决策型会计信息系统建立在核算型和管理型的基础上，旨在为经营决策者提供更加全面、深入的信息支持。通过运用先进的数据分析技术,该系统能够辅助决策者进行科学的决策,确保企业在复杂多变的市场环境中保持竞争优势。

2. 按单位类型划分会计信息系统

根据单位类型划分,会计信息系统可以进一步细分为以下几类。

针对大型企业,有企业级会计信息系统。这类系统通常具备高度的集成性和复杂性,能够处理大型企业庞大而复杂的财务数据。它们通常包括财务管理、成本控制、资产管理、预算管理等多个模块,能够为企业提供全面的财务管理和决策支持。

对于中小型企业,部门级会计信息系统更为常见。这类系统通常根据企业的具体需求进行定制,重点关注某一部门或特定业务流程的财务管理。例如,销售部门会计信息系统可能更侧重于订单处理、销售分析和收款管理,而生产部门会计信息系统则可能更关注原材料采购、生产成本核算和库存管理等。

对小微企业和个体工商户,还有个人会计信息系统。这类系统通常更为简单、易用,主要满足个人或家庭财务管理的基本需求。它们通常包括收支记录、报表生成、财务规划等功能,帮助用户更好地管理个人或家庭的财务状况。

除了按单位类型划分外,会计信息系统还可以根据其他维度进行分类,如技术特点、业务模式等。随着技术的发展和业务需求的不断变化,会计信息系统的分类也将不断更新和完善。

无论是企业级、部门级还是个人级会计信息系统,它们都在各自的领域发挥着重要的作用,帮助企业或个人更好地管理财务、做出决策,并推动企业的持续发展。随着信息技术的不断进步和应用场景的拓展,未来的会计信息系统将更加智能化、高效化,为企业的财务管理和决策提供更加强有力的支持。

（二）会计信息系统中各个子系统

1. 账务处理子系统

账务处理子系统，作为会计软件的核心组成部分，承担着至关重要的角色。它主要依托输入的会计原始数据或电子记账凭证，按照会计科目和统计指标体系的规范，对经济内容进行详尽的记录、细致的分类、精确的计算、有效的加工以及汇总。通过这一系列的操作，账务处理子系统能够输出总分类账、明细分类账、日记账等关键账簿，同时生成其他辅助账簿、凭证以及各类财务报表，为企业的财务管理提供了坚实的数据支撑。

2. 工资核算子系统

工资核算子系统是企业薪资管理的关键工具。它涵盖了工资的修改、计算、发放等多个环节，并负责对工资费用进行汇总和分摊。通过工资核算子系统，企业可以生成工资结算单、职员工资发放条以及工资结算汇总表等重要文件，确保薪资发放得准确无误。此外，该系统还能自动编制工资转账凭证，并传递给账务处理子系统，实现了薪资数据与财务数据的无缝对接。

3. 固定资产核算子系统

固定资产核算子系统致力于实现固定资产的精细化管理。它涵盖了固定资产从购置到报废的全生命周期管理，包括资产的明细核算、折旧计提、资产处置等多个方面。通过固定资产核算子系统，企业能够全面掌握固定资产的使用情况和价值变动，为企业的资产管理和决策提供有力支持。

4. 存货核算子系统

存货核算子系统具备四大类核心功能：存货核算、材料存货库房管理、材料核算账务处理以及材料采购发票的处理。它全面覆盖了存货的入库、出库、库存盘点等关键环节，确保了存货管理的准确性和高效性。通过存货核算子系统，企业可以实时掌握存货的数量、价值以及变动情况，为企业的生产经营和决策提供有力保障。

5. 成本核算子系统

成本核算子系统专注于费用的归集和分配工作。它能够准确计算产品的总成本和单位成本，并及时反映成本的变动情况。此外，成本核算子系统还能自动编制转账凭证，供账务处理子系统使用，实现了成本数据与财务数据的无缝对接。通过成本核算子系统，企业可以深入了解产品成本的构成和变动趋势，为成本控制和决策提供有力支持。

6. 销售核算子系统

销售核算子系统与销售、存货子系统中的库存商品核算紧密相连，共同构成了企业销售管理的核心。它负责对销售收入、销售费用、销售税金以及销售利润进行核算，为企业的销售管理和决策提供准确的数据支持。通过销售核算子系统，企业可以实时掌握销售业务的经营情况，为优化销售策略和提升销售业绩提供有力保障。

7. 应收、应付账款子系统

应收账款子系统专注于企业应收账款的管理。它负责登记、冲销各应收账款，实时反映客户信息和应收账款状态，帮助企业全面掌握应收账款的动态变化。同时，系统还提供账龄分析和坏账估计功能，有助于企业加强应收账款的风险管理和控制。应付账款子系统则聚焦于企业的应付账款管理，包括供应商管理、采购订单管理以及付款管理等功能。通过应付账款子系统，企业可以优化采购流程、控制付款进度，降低资金成本并提升企业的财务健康度。

8. 会计报表子系统

会计报表子系统严格按照国家统一会计制度的规定进行工作。它根据会计资料编制各类会计报表,确保报表的准确性和合规性。通过会计报表子系统,企业可以清晰展示财务状况和经营成果,为外部投资者和利益相关者提供透明的财务信息。

9. 财务分析子系统

财务分析子系统在会计核算的基础上进行深入的数据分析。它提供预算分析、前后期对比分析以及图形分析等多种功能,帮助管理层全面了解财务状况和经营趋势。通过财务分析子系统,企业可以及时发现潜在问题和风险点,为制定针对性的改进措施和决策方案提供有力支持。同时,财务分析子系统还具备强大的数据可视化功能,能够将复杂的财务数据以直观易懂的方式呈现出来,提升管理层对财务信息的理解和应用能力。这些子系统共同协作,确保会计信息的准确性、及时性和完整性,为企业管理和决策提供有力支持。不同的会计软件可能会根据用户需求和市场变化,对子系统的功能和划分进行适当调整和优化。

三、会计信息系统的模式

(一)会计信息系统的物理组织模式

会计信息系统的物理组织模式呈现多样化的特点,主要涵盖了以下几种类型。

1. 单机组织模式

单机组织模式主要依赖一台独立的计算机运行会计信息系统。该模式具有鲜明的优点和缺点。

（1）单机组织模式的优势

单机组织模式的初期投资成本相对较低,后续的维护操作相对简便,因此,它尤其适用于业务量较小的单位。

（2）单机组织模式的缺点

首先,数据处理的单一性导致了其不便多人同时使用,大大降低了工作效率。其次,由于无法同时处理多项业务,其实时性相对较差。此外,信息的共享性受限,难以在不同部门或员工间有效传递。最后,该模式在处理大量业务时显得力不从心,难以满足大规模单位的需求。

2. 多用户组织模式

多用户组织模式以一台性能优越的计算机作为主机,并通过连接若干终端实现数据的集中处理。这种模式同样具有其独特的优缺点。

（1）多用户组织模式的优点

该模式的维护过程相对简单,系统可靠性高,且投资成本适中。更重要的是,它能够实现会计数据的实时处理,提高了工作效率。

（2）多用户组织模式的缺点

多用户组织模式的运行效率很大程度上受主机的性能影响,一旦主机出现问题,整个系统将面临瘫痪的风险。此外,由于终端数量的限制,该模式主要适用于业务处理量适中的单位。若采用大中型计算机作为主机,虽然能实现更大规模的应用,但相应的投资和维护成本将大幅上升。

3. 网络组织模式

网络组织模式则以一台高档计算机作为服务器,并根据实际需求连接若干工作站,构建出一个灵活高效的数据处理网络。

（1）网络组织模式的优点

网络组织模式能够实现数据的共享,大大提高了信息传递的效率和准确性。同时,由于支持多人同时处理多项业务,其实时性得到了显著提升。此外,工作站数量的灵活性使该模式具有很强的适应性,能够满足不同规模单位的需求。通过互联网等技术的支持,还可以构建出更大规模的网络数据处理系统,实现更广泛的应用。

(2) 网络组织模式的缺点

会计信息系统网络组织模式的可控性较差,中心组织对整个网络的控制力可能不足,影响信息的准确性和时效性。同时,由于成员间会计准则、方法和系统的差异,协调难度相对较大。此外,该模式还面临着信息安全与隐私保护的挑战,因为数据共享和传输增加了信息泄露的风险。技术依赖也是一个问题,系统故障或更新可能对整个系统的稳定性造成影响。而且,高昂的成本投入对于中小型企业可能是一个负担。最后,法律与合规性风险也不容忽视,由于涉及多个实体和地区,确保合规性会变得更加复杂。因此,在实施会计信息系统网络组织模式时,必须全面考虑并应对这些挑战,以确保系统的有效运行和风险控制。

(二)集团会计信息系统模式

在集团会计信息系统中,全面预算管理与资金管理作为业务运行管理的两大核心系统,发挥着至关重要的监控与管理作用。下面将详细阐述其主要管理内容。

1. 全面预算管理

全面预算管理堪称一项错综复杂而又细致入微的体系架构,它囊括了众多相互勾连、相互作用的预算环节,共同构建了一个庞大而严谨的网络。这一体系以企业的核心经营目标为坚实基石,以销售额这一关键性指标作为起点,逐步延伸并深入到生产、成本以及资金收支等各个环节的细致管理中。

在这一过程中,全面预算管理不仅关注销售额的预测与设定,更着眼于如何通过优化生产流程、控制成本开支、合理配置资源等手段,实现经营目标的高效达成。同时,它还注重对企业资金流动的全面监控与预测,确保企业资金的安全、稳定与高效运作。最终,经过精心编制与调整的预计财务报表,能够全面而准确地反映企业的经济状况,为企业的决策层提供有力的数据支撑和决策依据。这一预算蓝图不仅展现了企业当前的经营成果,更揭示了企业未来的发展趋势和潜在风险,为企业实现可持续发展提供了坚实的保障。

2. 资金管理

对于集团企业而言,资金管理的重要性不言而喻。资金管理主要包括以下几个方面的内容。

首先,加强资金预算和资金分析。通过事前预算、事中控制和事后分析,对开户单位的资金流动进行全过程的严格管理。借助先进的计算机信息技术,自动生成资金日报,为资金分析提供有力支持,辅助领导做出科学决策。

其次,有效利用资金沉淀,降低财务费用。通过合理安排资金运用,减少资金闲置,降低资金成本,从而提高企业的经济效益。

再次,通过资金运作,发挥集团资金效益。通过合理的资金调度和投资,实现集团资金的优化配置,提升资金的使用效率。

最后,优化流程,提高效率。通过简化业务流程,将结算中心的业务前移,降低操作成本,提高结算中心的工作效率。

第二节 会计信息系统的开发与设计

一、会计信息系统的开发

(一)会计信息系统开发的目的

会计信息系统的建立旨在通过引入先进的技术手段,优化业务流程,提升会计工作的准确性和效率,进而为企业决策提供有力支持,推动企业持续健康发展。

具体而言,会计信息系统的开发旨在实现以下几个方面的目标。

首先,通过自动化处理会计数据,降低人工操作的烦琐程度和出错率,提高数据处理的效率和准确性。

其次,利用数据分析工具,深入挖掘会计数据背后的商业价值,为企业决策提供更加全面、深入的信息支持。

最后，通过优化业务流程，提高企业财务管理的规范性和透明度，加强内部控制，防范财务风险。

（二）会计信息系统开发的原则

在开发会计信息系统时，务必遵循以下几项关键原则，以确保系统的科学性、合规性和高效性。

第一，开发工作必须严格依照计算机软件开发规范的要求进行，使整个过程更加科学化，确保开发成果的有效性和可靠性，以确保系统的稳健运行。

第二，在进行系统分析与设计时，应采用"自顶向下"的方法，即从整体角度出发，对会计信息系统进行高度抽象的概括描述，然后逐步深入到具体细节，直至满足用户的实际使用需求。这种方法有助于确保系统结构的合理性和完整性，提高开发效率和质量。

第三，会计信息系统应采用线性与模块相结合的系统结构。这种结构能使系统的各部分关系清晰、简单明了，减少因结构复杂而导致的错误发生。

（三）会计信息系统开发的基本观点

1. 系统性的观点

在开发会计信息系统时，必须秉持系统的全局视角。每个子系统作为整个会计信息系统的关键组成部分，均承载着不可或缺的角色。值得注意的是，这些子系统之间不仅相互关联，更共同分享着大量的核心信息，确保了信息的完整性与一致性。

2. 阶段性的观点

会计信息系统的开发往往历经一个较长的周期，这一过程需要分解为若干个明确的阶段来逐步完成。在每个阶段中，都需要设定清晰的任务目标和预期的成果,以确保开发进程的有序推进和目标的最终实现。

3. 用户至上的观点

在系统开发过程中,开发人员应当深刻认识到,他们的工作是为了满足用户的实际需求。因此,必须摒弃"我设计,你用"的传统观念,转而秉持"我设计,为你用"的核心理念。更进一步地说,开发团队应与用户紧密合作,共同参与到系统的设计过程中,确保系统的功能和界面真正符合用户的操作习惯和需求。

(四)会计信息系统开发的过程

1. 系统调查

系统调查主要是有系统地收集和分析现有信息系统的有关数据和资料,以找出系统的薄弱环节,为后续的系统开发提供改进方向和依据。系统调查的主要任务包括以下几个方面。

第一,要确定对现行系统的调查范围,明确新系统的边界。有助于开发人员全面把握现有系统的运作状况,为后续的系统设计和开发提供基础。

第二,开发人员需要深入剖析现行系统中存在的问题。这些问题可能涉及流程烦琐、效率低下、数据不准确等方面,通过识别并解决这些问题,有助于提高新系统的性能和效率。

第三,初步确定建立新系统的主要目标。这些目标可能包括提升业务处理速度、优化数据管理、降低成本等,为系统的设计和开发提供明确的方向。

第四,开发人员需要预计建立新系统可能产生的收效。有助于评估新系统的价值,并为企业决策提供依据。

第五,根据资金、人力等实际情况,分析确定建立新系统的可能性以及大致的时间计划。有助于制定切实可行的项目实施计划,确保项目的顺利进行。

具体而言,在系统调查阶段,开发人员应重点关注以下几个方面的工作：一是收集详细的业务数据和流程资料；二是深入了解各部门的需求和痛点；三是分析现有系统的优势和不足；四是明确新系统的功能模块和界面设计；五是制订翔实的项目实施计划和预算。通过这些工作，开发人员将为新系统的设计和开发奠定坚实的基础。

（1）初步调查

初步调查旨在深入探究一个企业的整体状况及其对会计信息的全面需求。在这一阶段，需全面搜集和整理与企业整体系统密切相关的资料、现有状况以及存在的问题，以便对企业的运作机制和业务流程有清晰的认识。初步调查的内容具体涵盖以下几个方面。

第一，详细了解应用单位的整体概况，包括其规模大小、组织目标、组织架构，以及生产、供应和销售等方面的总体情况。同时，关注人员配置、设备状况和资金状况等现实因素，并对当前的管理水平，特别是基础工作的水平进行深入剖析。

第二，将调查应用单位与外部单位之间的关联情况，包括物资、资金和信息等方面的往来关系，以全面了解企业的外部环境和市场动态。

第三，对现行会计信息系统的概况进行全面梳理，包括系统的功能特点、人员配备、技术水平以及管理体制等方面。有助于企业深入理解现有系统的优势和不足，为后续的系统升级或改造提供有力支持。

第四，关注单位的领导者和管理部门对系统的态度和支持程度，包括人力、资金和数据等方面的投入情况。同时，了解他们对新、老系统的开发以及对信息需求的期望，以便更好地满足他们的实际需求。

在初步调查的基础上，对开发会计信息系统的资源进行详细分析，包括人力、资金以及开发周期等方面的考虑。助于企业制订更为科学合理的系统开发计划，确保项目的顺利进行和成功实施。

（2）详细调查

首先，要深入了解会计工作的制度与实施方法，以全面把握其运作模式和规范。其次，对于会计业务过程中所使用的标准、定额、指标及编码等关键要素进行详尽的梳理与记录，以确保新系统能够无缝对接并适应原有的业务逻辑。此外，要着重分析并绘制出系统的信息流程图，以直观展示业务流程中的信息流转路径与关键节点。最后，在详细调查的过程中，还应特别关注会计业务过程中所涉及的数据资源，包括各类报表、账册、台账凭证与单据、分析表、计算表等。通过收集和分析这些重要数据，可以更加准确地了解原有系统的运作状况，并为新系统的设计提供有力的数据支撑。

（3）会计业务状况调查

会计业务状况调查是一个涵盖多个方面的综合性调研过程，它主要包括以下几个方面的内容。

①系统环境及实现新系统条件的调查。在系统环境及实现新系统条件的调查中，需要深入探究现行的会计制度是否具备切实可行的操作性，领导层对于实现新系统是否拥有清晰的认识和预期。同时，还需了解人力资源的基本情况，包括人员的数量、专业技能水平以及对新系统的接受程度等。此外，设备条件也是调查的重点，特别是外围设备的可靠性、种类和性能水平，这些都需要进行细致评估，以确保能够满足大量数据处理的需求。

②组织机构的调查。组织机构的调查侧重于对组织内部各层级下属组织的结构、人员配置及其职责分工进行详细了解，有助于我们更好地理解组织的运作模式和业务流程，为后续的系统设计和实施提供有力支持。

③手工业务流程的调查。在手工业务流程的调查中，需按照原有的信息流动过程，逐一梳理各个环节的业务处理内容、处理顺序以及对处理时间的要求。通过这一过程，可以全面掌握现有业务流程的运作情况，为后续的系统优化和改进提供数据支持。调查完成后，还应绘制描述会计业务状况的业务流程图及表格分配图等图表，以便更直观地展示调查结果和分析结果。

通过这一系列调查活动，可以为会计业务状况的全面分析和改进提供有力支持，进而推动组织财务管理水平的提升和业务流程的优化。

（4）明确会计信息系统的目标设定

在深入调研并充分理解应用单位对会计信息系统的期望与构想的基础上，结合当前单位所具备的资源条件，包括系统开发所需的资金、人力资源以及技术设备等要素，系统开发人员可以初步拟定一个全面而具体的会计信息系统总体目标，并进一步细化各子系统的具体目标。这一过程中需确保系统目标既符合单位的实际需求，又能够充分利用现有资源，实现高效、准确、安全的会计信息处理与管理。同时，子系统目标的设定也应与总体目标保持高度一致，确保整个系统的协调运行和整体性能的优化。

(5)深入分析系统的可行性

在探讨技术可行性时,需全面审视技术力量、计算机软硬件设施、通信设备、计算机网络布局以及系统软件条件等多个方面。这些元素共同构成了技术可行性的基础框架,确保系统的稳定运行和高效性能。

从经济角度出发,可行性分析需精准估算系统投资规模,并预测其可能带来的经济效益。这一环节主要聚焦于成本与效益的对比分析,以及投资效果的评估,旨在确保系统在经济层面具备可行性。

资源可行性主要关注设备、经费等关键资源的保障情况。管理可行性则着重考察会计管理水平、数据收集的可能性、会计制度的健全程度以及领导对系统发展的支持态度等因素,这些要素共同构成了系统成功实施的管理基础。此外,在组织管理层面,还需要充分考虑人的因素和社会因素等,以确保系统能够顺利融入现有组织结构和社会环境,实现最佳的运行效果。

2. 系统分析

系统分析是一项至关重要的工作,它涉及对现行系统的业务处理过程进行深入而细致的剖析。通过这一过程,能够精准地找出现有系统中存在的缺陷与不足,进而提出新系统的逻辑模型,为后续的系统设计与开发奠定坚实基础。具体而言,系统分析主要涵盖以下几个关键步骤。

首先,需要广泛收集相关资料,并进行深入的分析与解读。这些资料可能包括业务流程文档、系统使用记录、用户反馈意见等,它们将为我们提供宝贵的信息和视角,帮助我们更好地理解现有系统的运行状况及潜在问题。

其次,需要对现行系统的工作流程进行详细的描述。包括梳理各个业务环节之间的逻辑关系、明确各个岗位的职责与权限、分析数据流的传递与处理方式等。通过这一过程,能够清晰地勾勒出系统的整体框架和运行机制。

再次,需要确定新系统的基本目标和逻辑功能要求。这需要根据业务需求、用户期望以及技术可行性等多方面因素进行综合考虑。我们需要确保新系统不仅能够解决现有系统中的问题,还能更好地满足用户的需求和提升业务效率。在此基础上,需要进一步确定新系统的逻辑模型,即新方案。这需要对新系统的各个组成部分进行详细的规划和设计,包括数据库结构、界面设计、交互逻辑等。通过这一过程,确保新系统具备清晰的逻辑结构和良好的用户体验。

最后,编写系统分析说明书。这份文档将详细记录设计思路和分析结果,为后续的系统开发与实施提供重要依据。通过这份说明书,能够确保团队成员之间的思想统一,共同推动新系统的顺利实现。

3. 系统设计

系统设计主要涵盖以下关键内容。

第一,总体结构设计。它涉及系统或功能模块的科学划分,以及各子系统或模块之间的接口关系等。在总体结构设计过程中,根据系统逻辑功能的需求,将整体系统划分为多个子系统,并将各子系统进一步分解为具有独立功能的模块。通过将这些模块按照层次结构有机整合,绘制出一张清晰的结构化模块结构图,为系统的后续开发奠定坚实基础。

第二,代码设计。在这一阶段,主要致力于建立各种标准化和规范化的编码体系,以确保代码的可读性、可维护性和可重用性,提高软件开发的效率和质量。

第三,数据库物理结构设计。在系统分析说明书的基础上,根据系统分析阶段对数据的描述以及系统逻辑模型,结合技术处理和技术实现的要求,选择一个合适的数据库产品,构建数据在计算机中的物理存储结构。这一步骤对于确保数据的完整性、安全性和高效访问至关重要。

第四,模块功能与处理过程设计。在这一阶段,详细描述每个功能模块的输入/输出信息以及内部处理过程,并确定输入、输出的详细接口。这有助于确保各模块之间的协同工作,实现系统的整体功能。

第五,通信网络设计以及系统的硬件配置也是系统设计的重要组成部分。需要根据系统的需求和特点,选择合适的通信协议和网络架构,以及配置合适的硬件设备和资源,以支持系统的正常运行和高效性能。

第六,系统设计报告是对整个设计过程的总结和呈现。在报告中详细阐述系统设计的思路、方法、过程和结果,以及可能存在的问题和解决方案,为后续的软件开发和维护提供了重要的参考依据。

4. 系统测试

系统测试主要涵盖以下三个层面。

（1）单元测试

单元测试主要关注验证单个模块的正确性。在这一阶段，测试人员会对系统中的每一个模块进行独立的测试，以确保其能够按照预期的功能进行运作，并且不存在任何潜在的错误。

（2）组装测试

组装测试则是将经过模块测试的各个模块进行连接，并再次进行测试。此阶段的目的在于检查各模块在协同工作时是否能够顺利融合，是否存在接口问题或逻辑冲突等，从而确保整个系统的稳定性与一致性。

（3）确认测试

确认测试是系统测试的最后一个阶段，旨在证明所开发的系统完全符合在系统分析和系统设计中确定的所有功能和性能要求。在这一阶段，测试人员会依据预定的测试计划和场景，对系统进行全面的测试，以确保其能够满足用户的实际需求，并具备足够的稳定性和可靠性。

5. 系统维护

软件系统维护的目标在于确保系统持续运行在健康稳定的状态。这主要包括两个方面的工作：一是针对系统运行中出现的问题和错误进行及时修复，称之为"修理"；二是针对系统功能的优化与升级，以满足不断变化的需求，称之为"改造"。随着会计信息系统所处的外部环境以及其他各类因素的不断演变，对系统维护的需求也日益凸显，要求及时、精准地执行维护工作，以确保系统始终能够适应时代发展的需要。

二、会计信息系统的设计

(一) 系统总体结构设计

1. 结构化设计方法

结构化设计方法是结构化方法在系统设计阶段的具体应用。其核心思想在于通过数据流图和数据字典，遵循自顶向下的策略，逐步细化设计细节，并注重模块化。这种方法的本质在于将复杂问题分解为一系列较小、更易于管理的部分，通过构建层次化的模块结构，确保系统设计的清晰性和可维护性。

在结构化设计过程中，首先将整体系统视为一个大型模块，然后根据功能和逻辑需求，逐层分解为更小的子模块。每个子模块都承担特定的任务，并与其他模块通过明确的接口进行交互。这种分而治之的策略有助于降低系统的复杂性，提高开发效率。

结构化设计强调模块的独立性和单一性，每个模块应具有清晰定义的功能边界，减少模块间的相互依赖和耦合度，以便进行单独的测试、调试和优化，这不仅有利于保证软件的质量，还能简化项目的维护过程。

2. 模块

模块在结构化设计中占据核心地位，它们是组成系统的基本单元。物理意义上的模块，通常是指能够完成一定功能、可以独立调用和使用的代码片段。在实际开发中，模块可以根据需求进行灵活的拆分和组合，以适应不同的应用场景。

在划分模块时，遵循一系列原则以确保系统的稳定性和可维护性。首先，模块的单一性和独立性是关键。每个模块应具备明确的功能边界，尽量减少对其他模块的依赖和影响。这有助于降低系统的耦合度，提高模块的独立性，便于后续的测试和维护工作。

采用自顶向下的层层分解策略进行模块划分。从系统整体出发，逐层细化功能模块,确保每个模块都承担明确的职责。这种划分方式有助于构建层次清晰、结构合理的系统架构。

强调高内聚低耦合的原则。高内聚意味着模块内部各组成部分联系紧密、功能专一;低耦合则要求模块之间保持较低的依赖关系,减少不必要的交互。通过遵循这些原则,可以进一步提高模块的独立性和可重用性,提升整个系统的性能和稳定性。

3. 模块结构图

模块结构图,作为结构化设计方法的重要工具,旨在清晰地展示系统的整体结构以及模块间错综复杂的层次关系。

(1)模块

模块在结构图中以矩形为表现形式,其内部清晰地标注了模块的名称。这些名称不仅能够迅速识别各个模块,还能简洁明了地反映出模块所承担的核心功能,从而方便开发者和使用者对系统进行深入理解。

(2)模块间的调用关系

在结构图中,模块间的调用关系通过特定的箭头符号加以表现。当两个模块之间存在调用与被调用的关系时,会将它们一上一下地排列,并在它们之间绘制箭头,以指明调用方向。其中,位于上方的模块为调用模块,负责发起调用操作;而位于下方的模块则为被调用模块,负责响应调用并执行相应的功能。

(3)模块间的通信

在模块结构图中,模块间的通信也是一个至关重要的方面。调用模块与被调用模块之间常常需要传递信息以实现功能协作。为了清晰地表示这种信息流动,可以在调用箭头旁边加上了一个标有数据名的符号,用于标识传递的数据及其方向。通过这种方式,能够更直观地了解模块间如何通过数据通信实现功能互动,从而加深对系统整体运作机制的理解。

（二）详细设计

1. 代码设计

代码设计是详细设计过程中的核心环节。在会计信息系统中，众多关键数据项目通过代码来精确表示，这一方式显著提升了数据处理的高效性和准确性。代码，作为一种特定的标记符号，其形式灵活多样，既可以是简洁明了的数字编码，也可以是易于记忆的字母序列，抑或数字、字母及汉字相互融合的创新组合。

一个设计精良的代码体系对于电算化会计信息系统的顺利建立与稳定运行具有举足轻重的意义。它不仅关乎系统内部数据处理的流畅性，还直接影响着外部用户的信息查询与利用体验。因此，在代码设计过程中，应充分考虑到系统的实际需求和潜在发展，确保代码设计既符合当前业务需求，又具备足够的扩展性和可维护性。

代码设计的步骤详细阐述如下。

首先，要深入进行调研与分析，以明确需要代码化的具体对象。这一阶段的核心工作在于精确地界定哪些项目或数据应当纳入编码的范畴之内。在电算化会计的实践过程中，尤其关注那些表现出较强稳定性，并且频繁用于分类检索等处理工作的数据。同时，那些具备特定意义的数据，也是我们进行编码处理的重要目标。除此之外，还需关注那些对输入/输出要求极高，且输入过程相对烦琐的数据项目。比如，一些需要详细描述的说明、摘要以及产品名称等，因其具有复杂性和重要性，同样应被纳入编码的范围内。以账务处理过程为例，会计科目作为相对固定的元素，在每次发生会计业务时都需要进行输入，因此对其进行编码处理显得尤为重要。通过编码处理，能够极大地提高会计科目的输入效率，降低操作难度，进而提升整个账务处理过程的准确性和高效性。

其次，要深入研究代码化对象的特性。以会计科目编码为例，我们需全面梳理账务处理中涉及的各类原始凭证、明细账、日记账、总账以及报表等文件，并依据这些文件在账页和报表制作中的具体要求，确定会计科目的类型及编码位数。若现有系统已存在相关编码，还需评估其合理性及可借鉴性。在编码过程中,除了考虑当前需求,还需兼顾未来的可扩展性,确保编码体系能够随业务发展而灵活调整。

最后,编写详尽的代码设计说明书。以某企业为例,其会计科目编码采用组合型数字代码,分为三级,各级位数分别为 3 位、2 位和 2 位。通过这样的编码规则,可以对会计科目进行精确标识,为后续的数据处理和分析提供便利。

2. 数据库文件设计

在完成了代码设计之后,进入数据库文件设计阶段,这一阶段首要之务是精确识别并合理归类系统所需的各类库文件。这些库文件包括核心基础数据库文件、辅助性库文件以及临时工作库文件等。核心基础数据库文件承担着存储永久性数据的重任,诸如会计科目字典文件、记账凭证文件等,这些数据为其他会计信息的产生提供了坚实的基础。辅助性库文件则主要服务于程序运行,确保会计数据处理程序与用户界面之间的顺畅转换。而临时工作库文件则负责临时存储输入的会计数据、分类检索结果以及汇总统计数据等,一旦数据加工或输出完成,这些数据将不再被保存。

在数据库文件的优化存储设计方面,可以采取多种方案以实现更高效的文件存储。具体而言,可以通过垂直分割或水平分割的方式对数据库文件进行优化。垂直分割主要是将一个数据库文件中的某个二维表在纵向上进行细分,将其拆解为两个或多个关系模式,并通过主关键字将这些关系模式紧密地联系起来。这种分割方式有助于提升数据的查询与存储效率。而水平分割则是根据特定的规则将数据库文件(或某张二维表)中的记录划分为多个具有相同结构的文件(或二维表),从而实现数据的均衡分布和存储优化。

此外,建立索引文件也是数据库优化设计的关键一环。索引文件本质上是为数据库文件根据索引关键字创建的索引目录,它能够大幅提升数据库文件的检索和处理速度。特别是在处理数据量庞大的文件时,建立索引文件的重要性不言而喻,因为它可以显著加快数据的查询速度,进而提升数据库的整体性能。

3. 输入设计

输入设计对于系统的质量具有举足轻重的作用。其目标在于选择适宜的输入设备与方式,打造便捷的输入界面及辅助功能,同时采取高效的校验手段,以确保数据的实时、精准及完整录入。

(1)输入设计的内容

以账务处理系统为例,输入内容主要包括两部分。

一是固定或半固定的数据,如会计科目代码、材料定额、计划价格等,这些数据在一段时间内保持相对稳定,无须频繁修改。

二是变动数据,这些数据随着业务活动的发生而实时变化,如交易金额、客户信息等。

(2)输入数据的校验

输入数据的校验过程既可由人工执行,也可通过计算机自动化完成,以确保数据的准确性和可靠性。以下详细列举了几种主要的校验方法。

①重复输入校验。为确保数据的准确性,可由两名录入人员分别输入相同的数据,并由计算机程序自动比对两者的输入内容是否完全一致。若存在不一致的情况,系统将自动提示出错信息,并要求重新进行核对与修正。

②静态校验。数据录入完毕后,在进入系统处理之前,进行一次全面的屏幕检查。检查过程中,操作员应逐项核对数据的完整性和准确性,确保无误后方可进行后续处理。

③平衡校验。该方法主要用于检查数据的合计是否正确。例如,在会计凭证的处理中,需确保每张凭证上的借方金额合计数与贷方金额合计数相等,以及期初余额的平衡等。通过平衡校验,可以有效防止因数据错误导致的财务问题。

④逻辑校验。程序通过内置的逻辑规则对输入的数据进行校验。例如,在输入日期时,若月份大于12或小于1,系统将自动判定为不合逻辑,并提示相应的错误信息。

⑤视觉校验。数据输入后,可通过直接显示或编辑格式后显示在屏幕上,让操作员进行目视检查。这种方式有助于快速发现并纠正可能存在的错误数据。

⑥数据类型及格式校验。程序将对输入的数据类型和数据格式进

行严格检查,确保其符合系统要求。若数据类型或格式不符合规定,系统将拒绝接收并提示相应的错误信息。

⑦汇总校验。在输入一批数据之前,先输入该批数据的汇总数。然后,在逐笔输入数据的过程中,程序将实时计算已输入数据的总和,并与预先输入的汇总数进行比对。若两者不相等,则表明输入过程中存在错误,需重新进行核对与修正。

⑧代码自身校验。对于重要的数据,可设计特定的校验码进行校验。通过校验码的计算与比对,可以进一步确保数据的准确性和可靠性。

⑨匹配校验。在会计数据处理中,许多数据已以代码形式存储。当输入新的代码(如科目代码、产品码等)时,程序将自动检索与之匹配的记录。若无法找到匹配记录,则表明输入的代码可能非法或错误,从而避免非法代码进入系统造成的数据问题。

通过上述多种校验方法的综合运用,可以大大提高输入数据的准确性和可靠性,为后续的数据处理和分析提供坚实的基础。

(3)输入错误的类型

在输入过程中,常见的错误类型主要包括以下几种。

首先,数值错误或字符输入错误。这通常是由于操作员在录入数据时,由于疏忽或技能不足导致的。比如,可能会将数字或字符输错,甚至可能误将一种数据类型当作另一种数据类型输入,进而影响数据的准确性和完整性。

其次,位置错误。这类错误指的是在输入数据时,由于操作不当或理解偏差,导致数据被放置在错误的字段或位置。例如,可能将应输入到 A 字段的数据错误地输入到了 B 字段,造成数据结构的混乱。

再次,字迹模糊不清,导致看错。这种情况多发生在手写输入或扫描识别时。如果原始数据的字迹不清晰,或者扫描设备识别精度不够,那么输入的数据就可能出现错误。

最后,还有借贷方向错误、材料收发方向错误以及科目串户等错误。这类错误通常与财务或物流管理相关,涉及数据的流向和归属。例如,在记账过程中,可能会将借项和贷项混淆,或者在材料收发过程中,将发货和收货的方向弄反,导致财务数据或物流信息的错误。此外,科目串户也是一个常见的错误类型,即误将一个科目的数据归入另一个科目,导致财务数据的不准确。

输入错误的类型多种多样,需要在输入过程中格外注意,确保数据的准确性和完整性。

（4）针对输入错误的纠错策略

首先，对于人工输入产生的错误，程序会立即进行校验，并在屏幕上明确显示错误内容，以便用户及时识别并进行修正。这种方式有效地确保了输入数据的准确性和完整性，提升了用户操作的便捷性。

其次，当发现原始数据存在填制错误，如凭证填写错误时，应将其退回给制证者进行修改。操作人员或审核人员不得擅自代替制证者进行自行修改，这样有助于保证数据源的可靠性，同时明确了职责界限。

最后，对于系统已接受的错误，如凭证在输入时正确，但在后续的浏览检查过程中因手误造成的差错，往往难以被当事人及时察觉，这种错误存在较高的风险性。因此，在正式处理之前，应通过程序再次校验科目、对方科目、复合分录的借方、贷方平衡等关键信息，或进行试算操作。一旦发现错误，应立即启动专门的修改模块进行修改，以确保数据的准确性和可靠性。

值得注意的是，一旦凭证已经登记入账，便不能再提供直接修改的功能。此时，只能通过再次输入更正凭证的方式来对错误进行更正。这种处理方式既保证了账目的历史记录不被篡改，又确保了后续操作的准确性和合规性。

4.输出设计

（1）输出的方式和特点

在输出设计阶段，其首要关注点即为信息的有用性。关于输出方式的设计，我们需要了解各种常见方式及其各自的特点。

①打印输出。此种方式虽符合用户的传统阅读习惯，但存在成本高、打印速度较慢等不足，且若未妥善管理，易造成纸张等资源的浪费。

②显示输出。显示输出方式成本相对较低，且信息呈现速度极快。然而，对于习惯于纸质文档的用户而言，此种方式可能不够直观，需适应一段时间。

③磁盘输出。磁盘输出方式成本同样较低，且信息传输速度快捷，存储介质携带方便。然而，这种方式对于非专业用户而言可能不够直观，需要借助相应的软件才能查阅和使用。

④在线输出。在线输出方式兼具速度快和信息量大的优势，同时能

够根据用户的个性化需求进行灵活调整。这种输出方式在当今信息化社会中越来越受欢迎,成为会计信息系统输出的重要方式之一。

(2)输出格式的设计

输出格式的设计是信息呈现的关键环节,通常包括以下三种主要形式。

①简单形式输出。简单形式输出指的是数据按照显示器或打印机固有的字符及字符串排列顺序和间隔进行直接呈现。这种输出方式在编程过程中相对简洁高效,能够迅速将数据呈现出来。然而,这种输出方式所呈现的数据往往较为紧凑,缺乏视觉上的层次感,对于大量数据的阅读和理解可能带来一定的不便。因此,简单形式输出更适用于数据的核对、查阅及分析等场景。

②棋盘式表格输出。棋盘式表格输出是指将数据以表格形式呈现,这种输出方式符合人们日常工作和阅读的习惯,具有美观、清晰的特点。通过棋盘式表格,用户可以轻松地识别和比较不同数据项之间的关系。然而,实现棋盘式表格输出需要编写一定的制表程序,可能导致输出速度相对较慢。

③图形输出。图形输出对数据呈现的硬件配置要求较高,有时还需配备专门的绘图设备。尽管成本较高,但图形输出的优势在于其美观、直观和易于理解的特点。通过图形展示,用户可以迅速捕捉到数据的趋势和变化,有助于进行深入的数据分析。因此,图形输出在数据分析领域具有广泛的应用。

在电算化会计信息系统的设计过程中,应根据实际需求和场景选择合适的输出格式。目前,棋盘式表格设计格式因其清晰、易读的特点而得到广泛应用。然而,随着技术的不断进步和用户需求的变化,未来可能还会涌现出更多创新性的输出格式设计。

(3)输出设计的原则

首先,输出设计应遵循用户习惯,确保用户能够便捷地理解和使用。这意味着我们需要深入了解用户的使用习惯,以确保输出内容的呈现方式符合他们的期望和需求。

其次,输出设计应方便计算机处理,包括确保输出的格式和内容能够被计算机程序有效解析和处理,从而提高处理效率,减少错误和不必要的转换工作。

再次,输出设计还应满足标准化和统一化的要求。这有助于确保输出的信息在不同平台和环境下都能保持一致性和可理解性,提升信息的传递效率。

最后,输出手段应具备灵活多样性。不同的输出场景和需求可能要求不同的输出形式和方式,因此我们需要根据实际情况灵活选择合适的输出手段,以满足用户的需求和期望。

(4)输出设计说明书详述

输出设计同样需配备详尽的输出设计说明书。例如,现金处理部分的现金日记账的输出设计说明书,其形式与输入设计说明书大致相仿。

①"信息名称"部分,需清晰界定输出数据的具体内容,以便用户明确了解即将呈现的数据种类。

②"输出时间"部分,需明确指出该信息应在何时进行输出,以满足用户的时间需求。

③"输出媒体"部分,需明确指定输出数据的具体展示地点,如打印机或显示器等。

④"数据库文件名"部分,需详述输出数据所源自的数据库文件名称,确保数据的来源清晰可查。

⑤"应用程序文件名"部分,应列出负责完成该输出任务的具体程序名称,以便于后续的维护与管理。

⑥"行/页"部分,应明确规定每页输出数据的行数,以确保输出格式的整齐统一。

⑦"输出宽度"部分,需说明输出数据在每行中应包含的字符数,以满足用户的阅读需求。

⑧"输出份数"部分,应详细注明需输出的数据份数,以满足用户的实际需求。

⑨"输出数据结构"部分,应详细阐述输出数据所在的数据库文件结构,以确保数据的准确性和完整性;而"输出画面"部分,则需描述输出数据的具体画面展示形式,为用户提供更为直观和清晰的视觉体验。

第三节 会计信息系统的维护

一、会计信息系统维护的目的

(一)详尽记录系统运行状况

此环节旨在构建科学的管理基石,同时为系统的评价提供有力支撑。具体而言,我们需全面、精准且及时地记录系统的运行状态,涵盖运行效率、处理速度以及各类意外状况的发生与处理详情。通过此举,我们能够深入了解系统的性能表现,为后续的优化升级提供数据支持。

(二)确保系统的稳定高效运行

系统正常运行涵盖多个关键环节,如数据的收集、整理与录入,机器运行的操作管理,处理结果的整理与分发,系统管理与相关硬件的维护保养,机房与空调设备的管理,以及用户服务支持等。通过这些措施,我们旨在确保系统能够持续稳定地运行,为用户提供可靠、高效的服务。

(三)有计划、有组织地推进系统修改与升级

系统修改的原因多种多样,包括但不限于管理方式、方法及策略的变革,上级部门的指令与要求,系统运行过程中出现的错误,用户提出的改进建议,以及先进技术的不断涌现等。对于任何系统修改,我们必须秉持谨慎、细致的态度,制订详细的计划,并按照既定步骤逐步推进。通过有序地修改与升级,旨在不断提升系统的性能与稳定性,以满足用户日益增长的需求。

二、会计信息系统的操作权限维护

（一）操作员的权限设置

操作员的权限设置旨在明确每位操作员在会计信息系统中的身份认证和职能授权。首先，系统需要登记每位操作员的注册姓名、代码以及专属口令，作为登录验证的依据。只有当操作员准确无误地输入与系统中预设信息完全一致的注册姓名、代码和口令时，他们才有资格获取进入会计信息系统的权限。一旦成功登录系统，系统便会依据每位操作员的特定权限设置，精确地界定其可执行的功能范畴。这样一来，能够确保每位操作员仅能访问和操作经过严格授权的业务数据，从而严格保障了系统的数据安全。具体而言，操作员仅被授权执行如会计凭证的精准录入、报表的自动生成等特定任务，确保了系统运作的高效性和规范性。

（二）操作目标的权限设置

针对特定的操作目标，系统提供了一系列权限选项，包括管理员权限、只读权限、写入权限、新建文件权限、删除文件权限、修改文件权限、查找权限以及修改文件属性权限等。这些权限选项可以根据用户代码和口令级别的不同进行灵活配置，以满足不同用户的操作需求。在实际应用中，这些权限选项通常是相互配合使用的，以确保系统的安全性和灵活性。需要注意的是，在权限配置过程中，文件属性的保密性应优先于用户等效权限的考虑，以确保敏感信息不被未经授权的用户访问或泄露。

三、会计信息系统运行维护

（一）外界物理环境维护

当计算机系统遭受物理损坏、程序运行异常、数据丢失或者输出结果出现异常时,我们应当首先从外部环境的角度进行深入的探究与分析。

1. 影响外界环境的主要因素

计算机所处的外界环境受到供电电源、温度、静电和尘埃等多重因素的影响。

（1）供电电源。直接使用普通的工业供电系统为计算机系统供电,可能会面临以下三大问题。

①电压波动。电网中的电压不稳定会对计算机设备造成损害。瞬间的电压波动可能导致计算机内部元件受损,长时间的过压或欠压供电则可能影响计算机的正常运行和寿命。

②供电线路环境噪声。电力线路中的噪声干扰可能来源于多种因素,如电网调节、设备启停、自然雷电等。这些噪声和干扰可能导致计算机数据处理错误或硬件损坏。

③停电。无论是长时间的停电还是瞬间的断电,都可能导致计算机数据丢失或硬件损坏,特别是对硬盘等存储设备可能造成不可逆的损伤。

（2）环境温度。计算机设备在工作时会产生热量,如果环境温度过高,可能导致计算机内部温度过高,进而影响电子元件的性能和寿命。相反,过低的温度也可能导致设备无法正常工作。

（3）静电。静电对计算机设备的影响主要体现在对电子元件的潜在损伤。静电放电可能导致计算机内部元件损坏,特别是在干燥的环境中,静电积累的问题更加严重。

（4）尘埃。尘埃对计算机设备的危害主要体现在对精密机械部件的磨损和堵塞。例如,尘埃可能堵塞散热风扇,导致计算机散热不良;也可能附着在磁盘驱动器上,影响数据的读写性能。

2. 外界环境的优化与维护

为了改善和维护外界环境,通常应建设专用的计算机机房,并安装空调设备以调节室内温度。同时,保持室内清洁和适宜的湿度也是至关重要的。在有条件的情况下,还应安装防静电地板,以进一步减少静电对计算机系统的潜在威胁。通过这些措施的实施,我们可以为会计信息系统提供一个更加稳定、可靠的运行环境。

（二）系统内部环境维护

内部环境作为会计信息系统运行的基石，涵盖了软、硬件环境的双重支撑。一旦软、硬件环境未能达到要求或存在不匹配情况，系统的运行将会受到严重制约，无法保障其顺畅性。

1. 硬件维护

在日常操作中，尽管部分简单的硬件维护工作可以由软件维护人员兼任，但核心的维护职责仍旧需要依赖专业的硬件销售商来完成。下面我们详细解析企业在日常运营中常见的硬件维护工作。

（1）硬盘与内存的精心呵护

会计信息化软件的安装与运行，往往需要占用大量的存储空间，这就要求我们确保拥有足够宽敞的硬盘空间。在安装软件之前，务必对硬盘进行全面检查，清除潜在的病毒威胁，并删除不必要的文件与目录，同时进行硬盘文件的优化整理，以提升数据的存取效率。而在软件的日常运行中，我们也应当定期对已备份的过往年份数据进行清理，以释放宝贵的硬盘空间。此外，通过合理管理任务的开启与关闭，可以有效地释放内存资源，优化系统运行。

（2）显示器与打印机的专业维护与保养

在会计信息系统的日常运行过程中，经常需要查询并打印诸如记账凭证、日记账以及各类报表等关键资料。这些资料的输出大多依赖于显示器和打印机的协作完成。由于不同型号的显示器和打印机具有不同的驱动方式和特性，选择合适的显示与打印驱动程序对于确保会计电算化软件的稳定运行至关重要。

为了确保输出信息的准确性和完整性，必须为会计信息系统配备合适的显示与打印驱动程序，并定期对其进行细致的检查与维护。在日常工作中，需要密切关注显示器和打印机的运行状态，如是否有异常声响、画面是否清晰、打印质量是否达标等。同时，还应定期对设备进行清洁保养，以延长其使用寿命，确保输出效果始终如一。

除此之外，我们还应该学习并掌握各种显示器和打印机的维护技巧，以便在设备出现问题时能够迅速排查并解决。例如，当显示器出现画面模糊或颜色失真时，可以尝试调整其亮度、对比度等参数；当打印机出现卡纸或打印质量下降时，可以检查其墨盒、硒鼓等耗材的使用情况，并及时进行更换。

2. 软件维护

软件维护涵盖以下几个关键层面。

（1）正确性维护。在这一环节中，核心目标是检测并修复程序在运作过程中出现的各种错误，以确保软件的稳定运行和会计信息的精确无误。这是软件维护中最基础也至关重要的一环，直接关系到软件能否为用户提供准确、可靠的服务。

（2）适应性维护。此项维护旨在应对计算机科学技术的不断发展和会计准则的更新换代。随着技术的不断进步和会计规则的调整，软件也需要进行相应的优化和升级。例如，会计软件的版本更新、会计年度及月度初始化等操作，都是为了让软件能够更好地适应外部环境的变化，确保软件能够始终满足用户的需求。

（3）完善性维护。这一环节主要聚焦于满足用户提出的各种需求，包括增加新功能或改进现有功能等。许多企业在初期由于资金和人力的限制，可能仅实现了会计核算方面的信息化。然而，随着企业的不断发展，用户往往希望将会计信息化的范围逐步扩展至会计计划、会计分析、会计决策等更多领域。因此，完善性维护就显得尤为重要，通过对原有软件的修改和完善，使其更好地适应企业的发展需求，为用户提供更加全面、高效的服务。

（4）预防性维护。为了对未来的改进和升级打下更加坚实的基础，需要进行预防性维护，包括对软件架构的优化、代码质量的提升以及性能瓶颈的预先排查等，旨在提高软件的稳定性和可扩展性，为未来的升级和发展提供有力保障。

四、计算机病毒及其防治

计算机病毒是一种人为制造的、对计算机信息和系统具有破坏作用的程序。这些病毒能够自我复制，并通过各种途径在计算机之间传播，对计算机系统和数据造成损害。这类病毒不仅会干扰计算机系统的正常运行,更有可能窃取敏感信息、破坏重要数据,甚至导致整个系统的崩溃。因此,对于计算机病毒的防范和治理显得尤为重要,我们必须时刻保持警惕,采取有效的防护措施来应对潜在的威胁。

(一)计算机病毒的多维度分类

基于不同的入侵方式和特征,可以将计算机病毒划分为以下几种类型。

1. 入侵型病毒

入侵型病毒以其独特的入侵方式著称,其核心操作是将病毒程序的一部分巧妙地嵌入主程序中。一旦病毒程序成功侵入现有的程序,除非对主程序进行深度剖析和修复,否则很难彻底清除病毒程序,这使清除工作变得异常复杂和困难。

2. 源码型病毒

源码型病毒主要攻击的是源程序,在程序被编译成可执行文件之前,病毒便已潜伏其中。这种病毒通常会将自身的代码嵌入到用高级语言编写的源程序中。由于使用高级语言编写病毒程序的技术难度较高,因此源码型病毒相对较少见。

3. 外壳型病毒

外壳型病毒擅长隐蔽,它巧妙地将自己隐匿于主程序的周围,而不是直接对源程序进行修改。它通常针对可执行文件进行感染,通过附着在程序外部的方式,实现病毒的传播和扩散。

4. 操作系统型病毒

操作系统型病毒无疑是计算机病毒领域中最为普遍且极具破坏力的一种。这类病毒在系统的运作过程中,会持续争夺CPU的控制权,以便实现其高速而广泛的传播。它们往往巧妙地将自己藏匿在伪装成"受损"状态的磁盘扇区之中，或者潜入内存的常驻程序和设备驱动程序之中，从而在悄无声息中从内存储器发起感染与攻击，对计算机系统的安全构成重大威胁。

这些病毒以其狡猾和破坏力著称，它们善于利用操作系统的漏洞和弱点，不断地复制和扩散自己，以达到控制整个系统的目的。一旦它们成功侵入系统，就会肆无忌惮地破坏文件、数据，甚至可能导致整个系统的崩溃。因此，我们必须保持高度警惕，采取有效的防范措施，以应对这些潜在的威胁。

（二）计算机病毒的特征

计算机病毒作为一种具有特殊属性的恶意程序，其特性主要包括以下几个方面。

1. 潜伏性

病毒具有依附其他媒体而寄生的能力，这使它能够在未被察觉的情况下，悄无声息地潜伏在系统的备份设备中。它们能够在数周甚至数月的时间里持续复制病毒程序，而不被轻易发现，从而在关键时刻突然发作，给计算机系统带来不可预测的风险。

2. 隐蔽性

计算机病毒研制者通常对计算机系统的内部结构了如指掌，并拥有高超的编程技巧，这使他们能够设计出极具隐蔽性的病毒程序，这些程序通常以不易被察觉的小程序形式存在，既可用汇编语言编写，也可用高级语言编写。我们必须明确，设计病毒程序是一种严重的犯罪行为，必须受到法律的严惩。

3. 激发性

激发性是指病毒程序在满足特定条件时才会被激活的特性。这些条件可能包括某个特定的日期或时间、特定的用户标志符或文件、用户的安全保密等级或一个文件使用的次数等。只有当这些条件被满足时，病毒才会开始执行其恶意操作，对计算机系统造成损害。

4. 破坏性

一旦病毒程序成功附着到当前运行的程序上，它就开始积极搜索可感染的其他程序，进而迅速扩散至整个系统。病毒程序的破坏性极强，它可能破坏存储介质中文件的内容、删除重要数据、修改文件属性、抢占存储空间甚至对存储介质进行格式化等操作。这些恶意行为不仅可能导致数据丢失和系统崩溃，还可能对大型计算机中心或网络造成毁灭性打击，严重影响正常的工作和运行秩序。

（三）计算机病毒的预防措施

为了有效预防计算机病毒，我们可以采取以下一系列措施来确保计算机系统的安全。

首先，对于所有的计算机硬盘，应妥善保存其无毒状态下的分区表和引导扇区信息。这是为了在系统受到潜在病毒威胁时，能够及时恢复原始的安全状态，确保硬盘数据不被破坏或感染。

其次，需要对不常使用和不需要写入数据的软件及存储介质加强保护措施，包括定期更新软件版本、使用加密技术保护数据、限制对敏感区域的访问等，以防止病毒通过这些途径侵入系统。

最后，对于外来软件（包括购买和拷贝的软件），在使用前必须使用可靠的防病毒软件进行查毒。这是确保软件安全性的重要步骤，可以有效防止病毒通过软件传播到计算机系统中。

（四）清除计算机病毒的详细步骤

首先，为了确保彻底清除病毒，需要对带有病毒的存储介质进行重新格式化。这一步骤将彻底擦除介质上的所有数据，包括病毒，使其恢复到初始状态，从而确保病毒的完全消除。

其次，需要利用专业的计算机防病毒软件来清除已知的计算机病毒。这些软件具备强大的病毒检测和清除功能，可以迅速识别并清除病毒，保障计算机的安全运行。针对引导型计算机病毒，还需要采取特殊措施。具体来说，就是利用之前保存的无毒分区表和引导扇区，覆盖被病毒感染的分区表和引导扇区。这样可以恢复系统的正常引导过程，避免病毒继续破坏系统。

最后，对于某些顽固的病毒，特别是那些隐藏在硬盘深处的病毒，可能需要进行低级格式化才能彻底清除。低级格式化将重新构建硬盘的物理结构，彻底清除所有数据和病毒，但需注意这一操作会导致硬盘上的所有数据丢失，因此在进行前务必做好数据备份。

第五章

大数据赋能下会计信息系统的基本业务处理

第一节　大数据赋能下会计信息总账的设置与管理

一、总账系统日常业务处理

（一）凭证的填制

1. 凭证录入

在实际工作场景中，记账凭证的输入方式主要涵盖以下两种形式：（1）借助已经经过严格审核并确认无误、准予报销的原始凭证，直接在计算机上进行记账凭证的填制；（2）先通过人工方式完成记账凭证的填制，然后再将这些精心编制的记账凭证批量输入会计信息系统之中。

企业在选择适合的录入方式时，应充分考虑自身的实际情况。一般而言，若企业具备良好的管理基础，业务规模适中，且已融入网络办公环境，那么第一种处理方式将更为适宜；而对于那些刚刚启用会计信息系统或正处于人机并行过渡阶段的企业，第二种方式则可能更为合适。

记账凭证的构成内容相当丰富且详尽,主要涵盖以下五大关键板块:(1)凭证的头部信息,这部分详细记载了凭证的类别、编号、日期以及附件的张数等重要基础数据,为后续的账务处理提供了明确的指引;(2)凭证的主体内容部分,它囊括了摘要、科目分类、借贷方向以及金额等核心账务要素,是构建完整账务记录的关键所在;(3)附注和辅助账类信息的详细记载,这一部分涉及银行类科目的结算单据票号、所采用的结算方式、结算的具体日期,以及数量金额式科目所涉及的数量和单价等详尽细节,为账务的深入分析和审查提供了有力的支持;(4)辅助类科目的备注信息,它涵盖了如项目归属、部门分类、个人姓名、客户资料、业务员信息等与账务处理紧密相关的辅助性数据,为账务管理的全面性和精准性提供了保障;(5)操作员信息的详尽记录,包括记账人、审核人、出纳以及制单人等关键岗位人员的职责信息,确保每一笔账务处理都能追溯到具体责任人,从而保障账务处理的规范性和准确性。

2. 修改凭证

在凭证的填制环节中,尽管系统已内置了多重错误控制机制,但在实际操作过程中,由于人为因素或其他原因,仍然有可能发生输入凭证时的失误。一旦检测到凭证存在错误,无论是在填制阶段还是后续的审核阶段,均可依托系统提供的相应功能进行精准修正。

在会计电算化信息系统的规范下,对于错误凭证的修改,我们必须严格遵循会计制度的各项规定,并根据凭证所处的不同状态,灵活采取适宜的修改策略。

(二)凭证的审核

1. 出纳签字

在完成会计凭证的填制工作之后,如果所填制的凭证满足以下两个条件,那么必须交由出纳进行核对并签字确认:其一,所填制的凭证必须属于出纳凭证的范畴;其二,必须在系统"选项"设置中,选择启用"出纳凭证必须经由出纳签字"的选项。

一旦出纳在凭证上完成签字,该凭证将不再允许进行任何形式的修改或删除操作,以确保凭证的完整性和准确性。若因特殊情况需要取消签字,则此操作仅限于出纳人员本人执行,以确保流程的规范性和安全性。

2. 主管签字

为了进一步强化企业会计人员的制单工作管理,众多企业纷纷优化了凭证的管理模式。在此基础上,系统特别引入了"主管签字"的核算方式,确保每一笔凭证在得到主管会计的认可并签字之后,才能被视为有效凭证。关于主管签字,我们需要特别关注以下几点。

首先,已经签字的凭证不得再次进行签字操作。这是为了确保凭证的严肃性和准确性,避免重复操作带来的混乱。

其次,只有具备签字权限的主管人员才有资格进行签字。这一措施有助于确保凭证审核的权威性和可靠性,防止非授权人员的干预。

最后,签字人必须与制单人保持独立,不能由同一人兼任。这是为了防止潜在的舞弊行为,确保凭证的审核与制单工作得到有效分离,进一步提高企业的内部控制水平。

通过以上措施,可以有效加强主管签字在凭证管理中的作用,确保会计工作的规范化和准确性。

3. 凭证审核

凭证审核的核心内容涵盖以下几个方面:(1)确保记账凭证与原始凭证的内容完全一致,无出入;(2)验证会计分录的准确性及合理性;(3)核对业务金额与原始凭证中的记录是否相符。若在审查过程中发现凭证存在问题或有异议,则需交由制单员修正后重新提交进行核对。

一旦审核员在凭证上签字确认,该凭证便不得再进行任何形式的修改或删除,除非将已签署的审核意见撤销。撤销签字的操作也只能由审核员本人执行。当前,凭证审核主要运用静态审核、屏幕审核以及二次输入校验三种技术手段,以确保凭证的准确性和合规性。通过这些严格的审核流程,可以有效确保企业的财务信息准确无误,为企业的发展提供有力支持。

（三）记账

在计算机处理记账工作的过程中，向导式的方式被广泛应用，使记账流程更为清晰、操作更为便捷，同时也有效确保了记账的公正性，避免了人为干预。

（1）明确记账范围。系统提供详细的未记账凭证清单，包括空号和已审核凭证，供用户清晰选择记账的月份、类别及凭证号范围。月份的选择至关重要，它确保了记账数据的时效性和准确性。

（2）系统进行强化合法性检验。这是防止数据被非法篡改的关键环节。通过检查上月是否已结账、确认凭证是否经过审核以及验证凭证是否平衡等步骤，系统严格保障记账数据的合法性和准确性，从而避免了可能的数据错误或舞弊行为。

（3）在记账前，系统会自动执行数据备份操作。这一机制旨在保留记账前的原始数据，以备不时之需。若记账过程中发生意外，系统能迅速停止记账并利用备份数据恢复，确保数据的完整性和安全性不受损害。

（4）完成上述准备后，系统正式执行记账操作。根据企业需求，可灵活选择分时、分类、分批进行多次记账，准确将凭证记入相关账簿。对于业务繁忙的企业，每日记账操作更是提升效率、确保数据及时更新的有效方式。

在记账过程中，企业需严格遵守下列事项：期初余额试算不平衡时，系统首次记账将不予通过，确保数据起始点的准确性；未经审核的凭证不得记账，进一步强化了数据审核的重要性；发现凭证不平衡或错误时，系统自动停止记账，防止错误数据的录入；记账过程中不得随意中断或退出系统，以保障记账的连续性和数据的完整性。

（四）账簿管理

1. 基本会计核算账簿管理

基本会计核算账簿管理是一项复杂而关键的工作，它涵盖了以下几大核心内容。

首先,通过总账查询,用户可以轻松获取各总账科目的年初余额、各月发生额合计和月末余额等关键信息。此外,它还能显示各级明细科目的年初余额以及各月发生额合计和月末余额,为用户提供详尽而全面的财务数据。

其次,发生额及余额表查询是会计核算中不可或缺的一环。通过此查询功能,用户能够迅速查看各级科目的本期发生额、累计发生额以及余额等数据,为企业的财务管理和决策提供有力支持。

再次,明细账查询是会计核算账簿管理的又一关键功能。它允许用户深入查询各账户的明细发生情况,支持按任意条件组合查询明细账,帮助企业更全面地掌握财务状况。

最后,序时账查询也是一个非常实用的功能。它以时间顺序逐笔反映单位的经济业务,使查询输出更加简洁明了,方便用户快速了解企业的经济活动情况。

多栏账查询也是基本会计核算账簿管理的重要方面。它主要用于查询输出多栏明细账等,为企业提供更丰富的财务数据展示方式。

2. 辅助会计核算账簿管理

(1) 个人往来辅助账管理

在个人往来辅助账管理方面,系统主要提供以下功能:①详尽的个人往来辅助账余额表,展示每个往来人员的账务余额情况;②便捷的清理明细账输出功能,快速获取个人往来核算信息和往来账目详情;③深入的个人往来管理信息分析,如个人往来账龄统计等,为管理层提供决策支持;④灵活的打印功能,可按需打印个人往来催款单等文件。

(2) 客户往来辅助账管理

对于客户往来辅助账管理,系统涵盖了以下内容:①全面的客户往来辅助账余额表,清晰展示与各客户的账务往来情况;②高效的清理明细账输出功能,帮助用户快速整理客户往来核算信息及账目;③深入的客户往来管理信息分析,如客户往来账龄分析,为企业的客户关系管理提供有力支持;④便捷的打印功能,支持客户往来催款单等文件的打印输出。

（3）供应商往来辅助账管理

在供应商往来辅助账管理方面,系统具备以下功能:①清晰的供应商往来辅助账余额表,直观呈现与各供应商的账务往来状况;②灵活的清理明细账输出机制,助力用户轻松获取供应商往来核算信息及账目详情;③深入的供应商往来管理信息分析,如供应商往来账龄分析,为企业优化供应链管理提供重要依据;④便捷的打印功能,支持供应商往来催款单等文件的打印操作。

（4）部门辅助账管理

部门辅助账管理在财务管理中占据着举足轻重的地位,其核心功能涵盖了对部门总账、部门明细账的查询输出以及部门收支分析的细致管理。

①部门总账。部门总账作为辅助账管理的重要组成部分,涵盖了科目总账、部门总账以及三栏总账等多个维度。它主要用于查询特定会计期间内,某部门核算科目下各个部门的资金流动情况,包括发生额及余额的汇总。此外,还可以查询某部门各费用、收入科目的发生额及余额汇总,以及某部门下某科目逐月的发生额及余额变动情况。这些功能有助于企业全面了解部门的财务状况,为决策提供依据。

②部门明细账。部门明细账同样具有丰富的查询功能,包括科目明细账、部门明细账、三栏明细账以及多栏明细账等。通过查询指定会计期间内某部门核算科目下的明细账,可以详细了解各部门的资金流动细节。同时,还可以查询某部门各费用、收入科目的明细账,以及某部门下某科目逐月的明细账。此外,多栏明细账的查询功能有助于企业更全面地了解部门的各项费用与收入构成。

③部门收支分析。部门收支分析是对各个部门或部分部门在指定会计期间的收入情况和费用开支情况进行汇总分析的报表。通过对发生额、余额等数据的统计分析,可以清晰展示各部门的收入与支出情况,为企业决策层提供有价值的参考信息。这些分析数据有助于企业优化资源配置,提高经济效益。

（5）项目辅助账管理

项目辅助账管理主要涉及项目总账、项目明细账的查询输出以及项目统计表的管理,对于项目型企业而言至关重要。

①项目总账。项目总账涵盖了科目总账、项目总账、三栏总账、分类总账以及部门项目总账等多个方面。通过查询某科目下各明细项目的发生额及余额情况,可以了解项目的资金流动状况。同时,还可以查询

某部门或项目下的各费用、收入科目的发生额及余额汇总,以及某项目下某科目逐月的发生额及余额变动。此外,查询某科目下各项目分类的发生额及余额,以及某部门下各项目的发生额及余额,有助于企业全面掌握项目的财务状况。

②项目明细账。项目明细账同样具有丰富的查询功能,包括科目明细账、项目明细账、三栏明细账、部门项目明细账、项目多栏明细账、分类明细账以及分类多栏账等。这些查询功能有助于企业深入了解项目的资金流动细节,为项目管理提供有力支持。

③项目统计表。通过这一报表,管理者可以清晰地了解项目的进展情况以及开支状况,为项目管理和控制提供有力依据。同时,项目统计表还有助于企业及时发现并解决项目执行过程中可能存在的问题,确保项目顺利进行。

二、总账系统期末处理

(一)定义转账凭证

期末转账是企业结账前所进行的一项关键且固定的操作环节。从具体操作方式来看,转账主要包括以下两大类。

1. 内部转账

内部转账指的是在总账系统内部,将一个或多个会计科目的余额或本期发生额,按照既定的会计规则,转至另一个或多个会计科目中。这种转账方式常见于日常会计操作中,如将管理费用和主营业务收入结转到本年利润账户,以便准确反映企业本年度的经营成果;或者将制造费用分配转入生产成本账户,以正确计算产品成本。通过这些内部转账操作,企业能够确保会计信息的准确性和完整性。

2. 外部转账

与外部系统或子系统相关的转账操作则被称为外部转账。具体来说,当其他专项核算子系统(如工资核算系统、固定资产核算系统等)生成相应的凭证后,这些凭证会被自动或手动地转入总账系统,以完成与外部系统的数据对接和整合。这些凭证的转入不仅丰富了总账系统的数据内容,也确保了企业整体会计信息的连贯性和一致性。

通过深入了解内部转账和外部转账这两种转账方式,企业可以更加有效地管理其财务数据和会计信息,为决策提供有力支持。

(二)生成机制转账凭证的优化处理

在完成转账凭证的定义之后,只需在月末直接启动该功能,即可在短时间内高效地生成转账凭证。在这一过程中,所生成的转账凭证将自动纳入未记账凭证的范围内,便于后续的管理与跟踪。

值得注意的是,生成的转账凭证需要经过严格的审核程序,只有在审核通过之后,才能正式记账并纳入企业的财务系统中。

通过这样的优化处理不仅能确保转账凭证的准确性和完整性,还能提高月末转账工作的效率和质量,为企业的财务管理提供更加全面和准确的数据支持。

(三)月末结账

1. 对账与试算平衡

(1)对账环节

对账即是对账簿上所记录的各项信息进行详尽的核对与比对,旨在确保记账内容的准确无误以及账簿数据的平衡性。这一环节的核心目标在于审查和提升账务处理的精确性,从而为企业的财务管理提供坚实的数据支持。

在进行对账操作时,主要依赖于以下两种方式:首先,是对总账与明细账之间的数据进行逐一比对,确保两者之间的数据能够相互印证,无偏差存在;其次,是对总账与辅助账数据间的核对,以进一步验证账务处理的全面性和完整性。

（2）试算平衡机制

试算平衡作为财务管理中的关键环节,其核心依据在于会计平衡公式"借方余额=贷方余额"。通过这一公式,对系统中所设置的各个会计科目期末余额进行严格的平衡检验。

在试算平衡过程中,计算机会自动完成一系列复杂的计算与比对工作,并在检验完成后输出详细的科目余额表及平衡性信息。这一自动化流程不仅提高了工作效率,还确保了数据的准确性和可靠性,为企业的财务管理提供了强有力的技术支持。

2. 结账

结账是指在每个会计期间结束时,对各个会计科目的发生额进行汇总,并计算出期末余额的过程。结账的目的是确保会计记录的连续性和准确性,为编制财务报表提供数据基础,并帮助管理者了解企业的财务状况和经营成果。

第二节 大数据赋能下会计信息基本业务的处理

通过会计信息的基本业务处理,企业不仅能够更加精准地掌握自身的财务状况与经营成果,还能在大数据的助力下,实现更加高效、智能的决策与管理,从而在激烈的市场竞争中脱颖而出。

一、资产权益与所有者权益

（一）资产权益

1. 营运资本

营运资本作为推动企业持续发展的核心动力,其管理质量直接影响着企业的资源配置、生产力解放以及资本增值。

（1）营运资本的管理原则

为确保营运资本管理的有效性，企业需要遵循一系列重要的管理原则。

首先，合理确定资金需求量。企业必须根据自身的生产经营活动，结合销售周期、经营特点，精准预测和计算所需的营运资本。这种以实际需求为基础的资金规划，不仅有助于保持资金的流动性和稳定性，还能有效避免资金过剩或不足的问题。

其次，提高资金使用效率。通过优化生产流程、加强库存管理以及提升应收账款回收率，企业可以显著缩短资金周转周期，实现资金的快速增值。这种高效的资金利用方式有助于企业在激烈的市场竞争中占据有利地位。

再者，节约资金使用成本。在追求规模扩张和快速发展的同时，企业必须注重成本控制，避免浪费。通过合理安排贷款和负债规模，企业可以降低财务风险，实现更为稳健的发展。同时，倡导节约的企业文化，也有助于培养员工的成本意识，进一步提升企业的整体盈利能力。

最后，保证足够的短期偿债能力。随着业务规模的扩大，企业的资金需求和缺口可能会不断增加。因此，企业需要谨慎评估自身的偿债能力，合理安排资产与负债的比例，以确保在面临短期偿债压力时能够从容应对。这种稳健的财务管理策略不仅有助于维护企业的信誉和形象，还能为企业的长远发展奠定坚实基础。

（2）企业营运资本管理中存在的问题

首先，营运资本的信息化程度亟待提升。随着信息技术的飞速发展，财务管理信息化已成为企业提升竞争力的关键。然而，部分企业由于管理人员观念保守，未能及时更新运营信息化手段，导致资本体系和信息资源的有效性得不到充分发挥。这不仅影响了企业的生产效率，也制约了企业的长远发展。因此，企业需要加快营运资本信息化的步伐，充分利用现代信息技术提升管理水平和竞争力。

其次，营运资本人才的专业性不足也是企业面临的一大问题。在新经济背景下，专业营运资本人才成为企业竞争的核心资源。然而，目前许多企业尤其是中小企业缺乏具备综合素养的财务专业人才。这些人才不仅需要熟练掌握计算机技能，还需具备财务数据计算与大数据审核能力。因此，企业需要加大对营运资本人才的培养力度，吸引更多优秀人才加入,为企业的发展提供有力支持。

再次,营运资本目标的战略性缺失也是企业普遍存在的问题。企业经营管理和资本流动必须紧密结合国家战略,树立营运资本的战略目标。然而,一些企业由于缺乏长远规划,导致营运资本管理缺乏战略指导,难以形成有效的竞争力。因此,企业需要树立营运资本的战略目标,并围绕这一目标制定具体的管理措施和计划。同时,风险控制机制的不完善也是企业营运资本缺陷的一个重要方面。许多企业尚未建立起完善的风险管理机制,无法有效应对各种潜在风险,导致企业在面临市场波动或突发事件时,往往无法及时做出调整,从而遭受损失。因此,企业需要加强风险管理意识,建立完善的风险控制机制,确保企业的稳健运营。

最后,缺乏科学高效的资金运营体系也是制约企业发展的一个重要因素。科学高效的资金管理能够提升企业的运营效率和盈利能力。然而,目前许多企业的资金管理体系尚不完善,管理制度不合理,导致资金利用效率低下。因此,企业需要加强资金管理体系的建设,引入先进的资金管理理念和方法,提升资金管理的科学性和有效性。

2. 资金筹集

企业在运营过程中,资金筹集是至关重要的一环。
(1)如何精确确定最优资金筹集组合

首先,企业需要对自身的资产结构和资金需求进行深入分析。这一步骤是确定最优资金筹集组合的基础。企业需要明确区分恒久性与波动性流动资产,这两类资产在资金需求和使用上具有显著差异。永久性流动资产和长期资产,如设备、厂房等,通常需要长期稳定的资金来源以支持其持续运作和价值创造。而波动性流动资产,如存货和应收账款,其资金需求可能随着市场环境和销售周期的变化而波动,因此需要更加灵活的资金筹集方式。

其次,企业应对不同的资金筹集策略进行评估。这里主要有三种策略可供选择:配合型、稳健型和激进型。配合型策略追求负债到期结构与资产寿命期的完美匹配,虽然理想但难以实现。稳健型策略则利用长期负债或权益资本来满足长期资金需求,确保企业经营的稳定增长,尽管筹资成本较高。激进型策略则更侧重于利用低成本短期负债来支持部分长期性流动资产的资金需求,从而实现快速扩张,但这种策略带来的筹资风险也相对较高。在评估了不同策略后,企业需要确定最适合自身的资金筹集组合。这一决策应基于企业的经营目标、市场环境适应能力以及风险承受能力。企业需要找到资金成本、风险和灵活性之间的最佳平衡点。这可以通过使用财务工具,如加权平均资金成本(WACC),来量化评估不同策略的经济影响。随后,企业应制订详细的资金筹集计划,明确资金来源、筹资额度和筹资期限等关键要素,以确保所选策略的有效实施。

最后,企业需要对资金筹集策略进行持续的监控和调整。市场环境和企业经营状况的变化可能要求企业对资金筹集策略进行相应的调整。因此,企业应建立有效的风险预警机制,及时发现并解决潜在的资金风险问题。同时,定期评估资金筹集策略的有效性也是必不可少的,以确保策略始终与企业的实际需求和市场环境相匹配。

(2)运用边际分析法优化资金筹集组合战略

在资金筹集组合的优化过程中,边际分析法发挥着重要作用。边际分析法通过深入剖析每一份资本投入与经济收益之间的比例关系,帮助企业明确经济效益的最佳点。在确定资金筹集的最佳适合度时,企业需充分考虑资金筹集的特性和边际收益递减法则,以找到使纯收益最大化的资金投入点。同时,确定资金筹集结构的最佳组合比例,关键在于寻求权益资本与负债资本之间的平衡,以及优化权益资本内部各项目的结构。通过收集并分析相关数据,进行边际成本和边际收益的计算,企业能够制定出既降低筹集费用又优化资本成本的资金筹集组合方案。实施该方案并持续监控效果将有助于企业动态调整策略,确保资金筹集活动的高效与成本效益。

(二)所有者权益

1. 所有者权益的特征

与负债相比,所有者权益凸显出以下几项鲜明的基本特征。

(1)持续性。所有者权益是企业持续经营的基础,只要企业不停止运营,所有者权益就会一直存在。这体现了所有者权益的长期性和稳定性。

（2）变动性。所有者权益会随着企业经营活动的进行而变动。具体来说，如果企业实现盈利，所有者权益会增加；反之，如果企业出现亏损，所有者权益则会减少。这种变动性反映了所有者权益与企业经营状况之间的紧密联系。

（3）可分割性。所有者权益可以被分割成多个部分，每个部分都可以被单独的所有者拥有。这种可分割性使所有者权益能够在不同的投资者之间进行分配和交易，从而促进了资本市场的流动性和灵活性。

（4）可转让性。所有者权益具有可转让性，意味着所有者可以将其权益转让给其他人。这一特性是股市交易的基础，使投资者可以根据自己的需求买卖股票，实现投资组合的调整和优化。

（5）风险性。所有者权益是企业经营风险的最终承担者。如果企业面临破产等严重困境，所有者可能会失去他们的投资。因此，所有者权益的风险性与企业的经营状况密切相关。

（6）收益性。所有者权益是企业利润的享有者。当企业实现盈利时，所有者有权获得相应的分红收益。这种收益性是吸引投资者参与企业投资的重要因素之一。

（7）无偿性。除非企业发生减资或清算的情况，否则所有者权益无须向投资者进行偿还。这使所有者权益可以作为企业的长期性资金，在企业运营过程中得以持续周转利用，为企业提供了稳定的资本支持。

2. 所有者权益的分类

对于不同组织形态的企业而言，其所有者权益的构成往往呈现出差异化的特点。这里主要以公司制企业为例进行阐述。在公司制企业的框架内，所有者权益主要涵盖了两大核心部分。

首先，企业收到的投入资本构成了所有者权益的重要组成部分。这些投入资本不仅包括企业实际收到的资本金额，即实收资本（在股份公司中通常被称为"股本"），还涵盖了由于某些特定原因而形成的超过注册资本的部分，即资本公积。这两部分资本共同构成了企业所有者原始投入的财务基础。

其次，企业运用这些资本进行生产经营活动所产生的盈余也是所有者权益不可或缺的一部分。在会计上，这部分盈余被称为留存收益。留存收益进一步细分为盈余公积和未分配利润两个子项。盈余公积是企业按照法定或自行规定的比例从净利润中提取的一部分资金,用于补充企业的资本或应对可能出现的风险;而未分配利润则是指企业尚未分配给股东的净利润部分,它反映了企业在过去经营活动中积累的财富。

二、企业成本与利润分配

(一)企业成本

1. 企业成本的含义

通常而言,企业成本涵盖了多个维度,它不仅是指企业在筹集或使用资金过程中所需支付的实际费用,还涵盖了企业为了获取特定投资收益而牺牲的潜在机会成本。这一概念在经济学和财务管理领域具有广义与狭义之分。

从广义的角度来看,企业成本反映了企业为筹集和使用全部资金所需支付的全部代价。这包括但不限于各种形式的资本筹集费用、利息支出、手续费以及其他相关成本。这些成本涵盖了企业日常运营所需的短期资金以及用于扩大生产、投资新项目等长期资金的筹集与使用。

从狭义的角度来看,企业成本主要聚焦于长期资金的筹集与使用成本,即资本成本。这部分成本通常与企业的长期投资、项目融资以及债务偿还等紧密相关,反映了企业为获取长期资金所付出的代价。有时,人们也将长期资金的成本直接称为资本成本,以强调其在企业整体财务结构中的重要地位。

企业成本主要由资金筹集费和资金使用费组成。资金筹集费涉及企业在筹集资金过程中产生的各项费用,如发行股票或债券的承销费、律师费、审计费等。这些费用的高低通常与企业筹集资金的数量、频率以及市场条件等因素密切相关。而资金使用费则是指企业在使用筹集到的资金时所需支付的费用,如贷款利息、租金支出等。这些费用反映了企业使用资金的成本,并影响着企业的盈利能力和市场竞争力。

2. 企业成本的分类

按照特定的项目与内容,企业成本可分为个别企业成本、边际企业成本及综合企业成本。

个别企业成本主要关注单个企业的资金筹集和使用成本,反映了该企业在特定市场环境下的财务状况和运营效率。这类成本对于企业进行财务分析和决策至关重要,有助于企业了解自身在市场上的竞争地位和盈利能力。同时,个别企业成本也是企业进行资金筹集和使用决策的重要依据,有助于企业优化财务结构,提高资金利用效率。

边际企业成本则侧重于分析新增投资或新增业务对企业整体成本的影响。它关注的是企业在扩大规模或开展新业务时所需支付的额外成本,以及这些成本对企业盈利能力和财务状况的影响。边际企业成本的分析有助于企业评估投资项目的经济效益,制定合理的投资策略,从而实现企业的可持续发展。

综合企业成本则是从宏观的角度来考察企业的成本状况。它涵盖了企业所有与资金筹集和使用相关的成本,包括个别企业成本和边际企业成本在内的所有成本项目。综合企业成本的分析有助于企业全面了解自身的财务状况和经营成果,为企业制定长期发展战略提供有力的支持。

此外,根据成本是否随产量的变化而变化,企业成本还可分为固定成本和变动成本。固定成本是在一定时期内不随产量变化而变化的成本,如租金、管理人员工资等;而变动成本则随着产量的增减而相应变化,如原材料费用、直接人工费用等。了解这两类成本的特点和变化规律,有助于企业更好地进行成本控制和预算管理。同时,按照成本能否得到补偿,企业成本还可分为已耗成本和未耗成本。已耗成本是指那些已经转化为产品或劳务的成本,如已经使用的原材料、已经支付的人工费用等;而未耗成本则是指尚未转化为产品或劳务的成本,如尚未使用的原材料、尚未支付的利息等。对这两类成本的有效管理和控制对于提高企业的经济效益和竞争力具有重要意义。

(二)利润分配

(1)企业利润核算与账户设置

企业利润总额的计算对于税款缴纳和利润分配至关重要。为确保财务数据的真实与准确,企业必须详尽地展现利润总额的形成和构成。

在核算利润时,企业可选择账结法或表结法,这两种方法均能有效地反映企业的盈利状况。若采用账结法,其核心流程是在每月结束时,将所有损益类账户的余额转入"本年利润"账户,从而反映当月的盈亏状况及本年的累计损益。

具体操作上,月末结转收入时,需将"产品销售收入""其他业务收入"等相关账户余额借记,并贷记"本年利润"账户;而在结转支出时,操作则相反。这样"本年利润"账户就能清晰地展现出企业当月的盈亏及本年的累计利润,为企业的决策层提供有力的财务数据支持。

(2)精细化的利润分配管理

为了详细追踪企业年度内的利润分配或亏损弥补情况,以及历年来的结余,企业应专门设立"利润分配"账户。这是一个损益类账户,用于记录关于利润分配的详细信息及从"本年利润"账户转入的待弥补亏损。

在贷方登记中,应记录从"本年利润"转入的净利润和已弥补的亏损。年末时,贷方余额代表历年未分配的利润,而借方余额则表示历年未弥补的亏损。

为进一步提高"利润分配"账户的精确性和细致度,企业应根据分配内容和年终结算需求设置多个明细账户。

"应交特种基金"明细账户,用于核算应上缴的特定基金,确保合规透明。

"提取盈余公积"明细账户,核算企业提取的盈余公积,体现社会责任。

"应付利润"明细账户,专门核算应支付给投资者的利润,保障投资者权益。

"未分配利润"明细账户,反映历年未分配利润或亏损,为决策提供依据。

对于股份制企业,其"利润分配"下的明细账户设置与上述相似,但具体业务处理可能有所不同,这些差异将在具体业务中详细阐明,以确保账务的准确性和合规性。

三、会计报表分析

(一)资产负债表

1. 资产负债表的概念

资产负债表是一种反映企业在某一特定日期(如月末、季末、年末)的资产、负债和所有者权益情况的会计报表。从广义上讲,企业的资产总额应等同于其负债总额与所有者权益之和,这构成了一个企业基本的经济平衡。

在具体编制过程中,资产负债表遵循一定的分类标准和排列顺序,对企业在某一时段的各项资产、负债以及所有者权益进行了精准而详尽的划分与展示。这种细致的分类与排列确保了报表内容的清晰明了,方便了内外部利益相关者的阅读与理解。

作为一种静态财务报表,资产负债表立足于企业产权的角度,通过对表内各项目按流动性进行排序,直观地反映了企业在某一特定时期的资产、负债和所有者权益的结构及分布情况。这使报表使用者能够迅速掌握企业的资产规模、负债水平以及所有者权益状况,为做出明智的经济决策提供有力支持。

2. 资产负债表的结构

资产负债表的结构一般由表头、表体两部分组成。表头部分包括报表名称、编制单位名称、资产负债表日、报表编号和计量单位等信息。表体部分是资产负债表的主体,列示了用以说明企业财务状况的各个项目。

资产负债表的格式一般有两种:报告式资产负债表和账户式资产负债表。报告式资产负债表是上下结构,上半部分列示资产各项目,下半部分列示负债和所有者权益各项目。账户式资产负债表是左右结构，左边列示资产各项目，反映全部资产的分布及存在状态；右边列示负债和所有者权益各项目，反映全部负债和所有者权益的内容及构成情况。

3. 资产负债表中的关键项目

在资产负债表中，关键项目包括货币资金、固定资产、无形资产等。货币资金是指企业持有的现金和银行存款等货币资产；固定资产是指企业为生产商品、提供劳务、出租或经营管理而持有的使用寿命超过一个会计年度的有形资产；无形资产是指企业拥有或者控制的没有实物形态的可辨认非货币性资产。这些项目的正确计量和列报对于反映企业的财务状况至关重要。

（二）利润表

利润表是反映企业在一定会计期间经营成果的财务报表。它动态地展示了企业的经营成果，包括收入、费用、利润等要素。从受托经营者的角度出发，利润表相较于资产负债表，更能直接地反映出受托责任的履行情况。这是因为利润表通过一系列详尽的报表项目，如营业收入、营业成本、期间费用、营业利润以及净利润等，对企业的盈亏状况进行了全面而细致的披露。这些项目不仅提供了企业盈利能力的直观数据，还反映了企业在运营过程中的成本控制、费用管理以及利润形成等关键环节的表现。因此，通过对利润表的深入分析和解读，报表使用者可以更加清晰地了解企业的财务状况和经营成果，从而做出更为明智的投资决策。同时，企业也可以借助利润表的信息，不断优化自身的经营策略和管理水平，以实现更为稳健和可持续的发展。

1. 利润表的概念

企业利润作为企业在特定会计期间内经营活动成果的综合体现，其核心构成即为收入在扣除各项费用后的净额，以及那些直接计入当期损益的利得与损失。这一概念在现代市场经济体制中显得尤为重要，因为它直接关系到企业追求的价值最大化或股东权益最大化目标。企业利润不仅为企业提供了持续经营和发展的动力,同时也是企业评估自身经营效果、制定未来战略的重要依据。

在实现企业价值最大化和股东权益最大化的道路上,利润表发挥着不可或缺的作用。作为一张反映企业在特定会计期间内经营成果和经营净收益的会计报表,利润表详细记录了企业在该期间内的各项收入、费用以及构成利润的各个项目。通过对这些数据的分类分项编制,利润表呈现出一种动态的特性,能够清晰地展示企业在不同会计期间的经营状况和变化趋势。

利润表的核心功能在于对一定会计期间的各项收入与同一会计期间相关的各项成本费用进行精确配比。通过这种配比,企业可以准确地计算出一定时期内的利润总额及税后净利润,从而为企业决策层提供有力的数据支持。此外,利润表还是企业进行利润分配的主要依据,有助于企业合理调配资源,优化经营结构,实现可持续发展。

2. 利润表的结构

利润表的结构主要有两种:单步式和多步式。

单步式利润表:这种格式将当期所有收入相加,再将所有费用相加,然后一次性计算出当期收益。其特点是提供的信息都是原始数据,便于理解。

多步式利润表:这种格式将各种利润分多步计算,最终求得净利润。多步式利润表对收入与费用、支出项目加以归类,列示一些中间性的利润指标,分步反映本期净利润的计算过程,便于使用者了解企业经营情况和盈利能力,并进行比较和分析。在我国,企业利润表采用的基本上是多步式结构。

3. 利润表的作用

通过对利润表的深入分析,我们能够全面了解企业在一定时期内的盈利水平、成本控制能力、运营效率以及整体的财务健康状况。这张财务报表详尽地展示了企业的收入来源、成本支出、利润构成以及税费情况,为我们提供了一个多角度、多层次的视角,以评估企业的经营成果和财务状况。

对于投资者而言,利润表是评估企业投资价值的重要工具之一。通过对利润表的细致分析,投资者能够了解企业盈利能力的大小,预测企业未来的盈利趋势,从而做出是否投资、投资多少的决策。同时,利润表还能揭示企业的成本控制情况,这对于投资者评估企业的经营效率和竞争力具有重要意义。

对于债权人来说,利润表同样具有重要价值。通过对利润表的分析,债权人可以了解企业的盈利水平和偿债能力,从而评估企业信用风险的大小,决定是否提供贷款以及贷款的额度。

政府机构作为国家的监管者,也需要通过利润表来了解企业的经营状况。这有助于政府机构制定合适的税收政策,调节经济发展,同时也可以监管企业的财务行为,确保企业遵守国家的法律法规。

总体来说,利润表是企业财务信息的重要载体,对于投资者、债权人、政府机构等利益相关者来说,利润表都是他们评估企业业绩和运营状况的重要工具,帮助他们做出更为明智的决策。

(三)现金流量表

1. 现金流量表的作用

现金流量表是一种关键的财务报表,它详细记录了企业在特定会计期间内的现金流入和流出情况。这份报表的作用广泛且重要,主要体现在以下几个方面。

首先,现金流量表能够清晰反映企业在一定会计期间内现金和现金等价物的流入和流出信息,有助于报表使用者评价企业未来产生现金净流量的能力。通过分析现金流量的变化趋势,可以预测企业未来的资金状况,从而做出更合理的投资和经营决策。

其次,现金流量表是评估企业偿债能力的重要依据。通过现金流量表,可以判断企业是否有足够的现金流量来偿还债务,进而评估企业的财务稳定性。这对于债权人、投资者等利益相关者来说具有重要的参考价值,可以帮助他们做出更明智的信贷和投资选择。

再次,现金流量表还能够反映企业的经营活动情况。通过分析现金流入和流出的变动,尤其是经营活动产生的现金流量,可以评估企业经营活动的盈利能力和现金流量的稳定性。这对于企业内部管理来说至关重要，有助于企业发现运营中的问题并及时调整经营策略。

最后，现金流量表为企业的管理层提供了重要的决策依据。通过对现金流量的全面分析，管理层可以制定合理的财务决策和规划，以优化企业的现金流量管理，提高企业的经济效益和竞争力。

2. 现金流量表的内容

现金流量表作为企业财务报告的重要组成部分，深入剖析了企业各类财务活动的现金流入与流出情况。它依据财务活动的性质，精准划分为经营活动、投资活动以及筹资活动三大板块，从而全面展现企业的现金流动轨迹。以下是现金流量表所包含的主要内容。

经营活动现金流量反映企业通过销售商品、提供劳务等日常经营活动产生的现金流量，主要项目包括销售商品、提供劳务收到的现金、收到的税费返还、收到的其他与经营活动有关的现金等。

投资活动现金流量反映企业在长期资产（如固定资产、无形资产等）方面的投资和处置活动所产生的现金流量，主要项目包括收回投资所收到的现金、取得投资收益所收到的现金、处置固定资产、无形资产和其他长期资产所收回的现金净额等。

筹资活动现金流量反映企业筹集资金和偿还债务等活动产生的现金流量，主要项目包括吸收投资所收到的现金、借款所收到的现金、偿还债务所支付的现金、分配股利、利润和偿付利息所支付的现金等。

四、资产清查及处理

资产清查及处理是一个涉及广泛领域的复杂过程，主要包括对资产的全面核查、价值评估以及相应的处理措施。以下是对这一过程的详细阐述。

（一）资产清查的目的和重要性

资产清查的主要目的是全面了解企业的资产状况，包括资产的数量、价值、使用状况等，以便为企业评估管理提供基础数据。通过资产清查,企业可以确保资产的账实相符,防止资产流失,并提高资产管理的效率和准确性。同时,资产清查也是加强行政事业单位国有资产监督管理的基础工作,有助于实现资产管理与预算管理、财务管理的结合,为财政部门编制年度预算等工作创造条件。

(二)资产清查的方法和程序

(1)清查方法

资产清查主要采用实地盘点和技术推算盘点两种方法。实地盘点是指在财产物资堆放现场逐一清点数量或用计量仪器确定实存数,适用于大多数资产。技术推算盘点则是利用技术方法,如量方计尺等对财产物资的实存数进行推算,适用于大量成堆、难以逐一清点的财产物资。

(2)清查程序

首先,需要建立由单位领导、财务会计、业务、仓库等有关部门人员组成的财产清查组织。其次,组织清查人员学习相关政策规定,掌握有关法律法规和相关业务知识。再次,确定清查对象、范围,明确清查任务,并制定清查方案。在清查过程中,应本着先清查数量、核对有关账簿记录等,后认定质量的原则进行。最后,填制盘存清单和实物、往来账项清查结果报告表。

(三)资产清查的内容

资产清查的内容主要包括对资产的实物量清查和价值量清查。实物量清查通过实地点法和技术推算法进行,确保资产数量的准确性。价值量清查则通过账面价值法和查询核实法来核实资产的价值。

(四)资产处理措施

在资产清查过程中,如果发现资产盘盈或盘亏,应及时查明原因,并按照规定程序报批处理。对于盘盈的资产,应按照重置成本确定其入账价值,并通过"以前年度损益调整"账户核算。对于盘亏的资产,应按盘亏资产的账面价值进行账务处理。

此外,针对资产清查中发现的问题,企业应提出相应的整改措施,如完善管理制度、加强资产保管等,以确保资产的完整性和安全性。同时,建立健全的资产管理制度也是防止资产流失和提高资产管理效率的重要举措。

第三节 大数据赋能下会计信息供应链各环节业务的处理

供应链常被形象地称作"物流网络",它涵盖了供应商、制造中心、工厂、仓库配送中心及零售点等各个环节,以及在这些机构间流动的原材料、在制品库存和最终产品。供应链管理是一种系统且全面的管理方法。通过有效地整合供应商、制造商、仓库和商店等各方资源,供应链管理能够最大限度地发挥它们的协同效应。在最后一个环节中,供应链管理同样发挥着不可或缺的作用。它能够确保在正确的时间将正确数量的商品准确配送至指定地点,从而为用户带来更加便捷和满意的购物体验。

面对如今复杂多变的市场环境,企业要想提升应对环境变化的能力,就必须充分利用供应链管理这一强大工具。通过有效地运用供应链管理,企业不仅能够优化资源配置、提高生产效率,还能够降低成本、提升竞争力,从而在激烈的市场竞争中脱颖而出,实现更大的商业价值。

一、采购业务处理

企业在日常运营中,采购环节因其复杂性和多样性而显得尤为重要,其具备以下核心功能。

首先,供应商管理功能。系统可以记录供应商的基本信息,如公司名称、联系人、联系方式、地址等,并对供应商进行评估和分类。此外,还可以跟踪供应商的历史交易记录和绩效,以便更好地管理供应链。

其次,采购需求管理。允许用户创建、编辑和管理采购需求,包括物品名称、数量、规格、预算等信息。这有助于确保采购活动的准确性和及时性。

再次,业务操作功能。采购管理系统提供了涵盖请购、采购订货、采购到货、采购入库等全流程的采购业务操作。操作人员需根据业务需求选择合适的业务单据,并定义业务流程,确保采购活动的顺利进行。在月末,系统还支持结账操作,确保账务的准确与及时。同时,通过远程应用功能,操作人员可随时随地处理采购业务,提高工作效率。

最后,报表分析功能。采购管理系统提供采购统计表、采购账簿、采购分析表等多种统计分析报表,为管理人员提供全面、深入的采购数据分析,助力决策优化。

在采购业务中,采购入库业务是企业日常运营的重要环节。采购入库业务涉及企业通过购买方式获取所需存货,并经验收入库的过程。以单货同行的采购入库业务为例,操作人员需按照系统流程进行处理,确保存货的准确入库,为企业的正常运营提供有力保障。

(一)填制并审核采购订单

在企业与供货单位达成采购意向协议之际,采购人员需将协议内容以采购订单的形式准确无误地录入系统之中。随后,此订单将递交至采购主管处进行细致的审核工作。只有当采购订单通过审核后,方可作为参考依据,用于后续的采购入库单或采购发票的填制。

1. 情境背景资料

2019年1月1日,业务员刘晨因业务需求,向国美电器有限公司咨询了单片机的价格信息,得知其售价为200元/个。经过深入的市场调研与评估,刘晨确认该价格合理且符合企业采购预算。于是,他迅速向上级主管提出了请购申请,请求订购175个单片机,并希望能在2019年1月12日之前完成到货。刘晨认真填写了请购单,详细记录了所需物品的名称、数量、价格及到货时间等信息。当日,主管在仔细审阅了请购单后,对刘晨的请购申请表示了赞同,并同意进行订购。

2. 具体操作示范

以下是以购销存核算会计的身份在用友 T3 系统中完成采购订单填制与审核的详细步骤。

（1）首先，以购销存核算会计的身份登录用友 T3 系统主窗口，然后在主界面中选择"采购"模块，并找到"采购订单"这一功能命令。点击该命令后，系统将打开"采购订单"窗口，为后续操作提供界面支持。

（2）在"采购订单"窗口中，找到并点击"增加"按钮，以创建新的采购订单。接着，在订单信息录入区域中，依次输入订单日期"2019-01-01"，选择供货单位为"国美电器有限公司"，所属部门为"采购部"，业务员姓名为"刘晨"，到货日期为"2019-01-12"。此外，还需输入存货的详细信息，包括存货编号为"101"，存货名称为"单片机"，订购数量为"175"个，以及每个单片机的原币单价为"200"元。完成所有信息录入后，点击"保存"按钮，将订单信息保存至系统中。

（3）在保存订单信息后，点击"退出"按钮，关闭"采购订单"窗口，完成采购订单的初步填制工作。

（4）待领导对采购订单进行审核并表示同意后，账套主管需再次以相应身份登录用友 T3 系统，并进入"采购订单"窗口。在窗口中找到之前填制的采购订单，并对其进行仔细核对。

（5）确认订单信息无误后，点击"审核"按钮，对采购订单进行最终审核。经过审核的采购订单将作为正式有效的采购依据，为后续采购活动的顺利进行提供有力保障。

（二）详细编制并严格审核采购入库单据，确保准确无误地生成入库凭证

1. 情境背景资料

2019 年 1 月 12 日，公司成功收到 175 个单片机，经过严格的验收流程后顺利入库。为了确保账务处理的准确性，应及时编制了采购入库单，并基于这份单据生成了入库凭证，以便进行后续的记账操作。

2. 具体操作示范

（1）在业务发生的当天（即2019年1月12日），以购销存核算会计的身份登录系统，在主窗口中选择"采购"模块，并点击"采购入库单"命令，进入"采购入库"窗口。

（2）在"采购入库"窗口中，点击"增加"按钮，开始填写入库单据的详细信息。首先，输入入库日期为"2019-01-12"，然后选择仓库为"材料库"，部门为"采购部"，业务员为"刘晨"。这些信息的准确填写有助于我们追踪货物的来源和去向。

（3）接下来，通过"选单"下拉列表框选择"采购订单"选项，打开"单据拷贝"对话框。在这里，填写查询条件，包括日期范围为"2019-01-01—2019-01-12"，供货单位为"国美"。点击"过滤"按钮后，系统会显示出符合条件的采购订单列表，从中选择相应的订单。

（4）在选择了正确的采购订单后，点击"确认"按钮返回"采购入库"窗口，并再次核对填写的信息是否准确无误。确认无误后，点击"保存"按钮保存入库单据。

（5）为了确保入库单据的真实性和准确性，需要对其进行审核。因此，选择"库存"模块下的"采购入库单审核"命令，选择刚刚保存的采购入库单，并点击"审核"按钮。经过审核的单据将具备法律效力，可以作为记账的依据。

（6）审核完成后，进入"核算"环节。点击"核算"按钮后，系统打开"正常单据记账条件"对话框。在这里选择"正常单据记账"命令，确保所有符合条件的单据都能够被正确记账。

（7）在选择"确定"按钮后，系统打开"正常单据记账"窗口。在这个窗口中可以看到所有待记账的单据列表。根据需要，可以选择相应的单据并点击"记账"按钮进行记账操作。

（8）完成记账后，需要生成入库凭证。因此，再次点击"核算"按钮，并选择"核算"→"凭证"命令。接着，执行"凭证"→"购销单据制单"命令打开"生成凭证"窗口。在这个窗口中，找到"选择"按钮并点击它，打开"查询条件"对话框。在对话框中，选中"采购入库单（暂估记账）"复选框以筛选出符合条件的单据。

（9）确认查询条件无误后，点击"确认"按钮打开"选择单据—未生成凭证一览表"窗口。在这个窗口中,可以看到所有尚未生成凭证的单据列表。从中选择要制单的记录行。

(10)在选择完要制单的记录行后,点击"确定"按钮打开"生成凭证"窗口。在这个窗口中,需要选择凭证类别为"转账凭证",并确认存货科目编码和对方科目编码分别为"140301"和"1401"。核对无误后,在对应栏里逐一输入这些信息。

(11)点击"生成"按钮打开"填制凭证"窗口。由于制单日期已到"2019-01-31",按照制单时序要求输入制单日期为"2019-01-31"。然后,点击"保存"按钮保存凭证。此时,凭证左上角出现"已生成"标志,表示凭证已成功传递到总账管理系统。

(三)详细填制与精确审核采购发票,并进行专业采购结算

1. 情境背景资料

在2019年1月12日,公司收到一张购买175个单片机的专用发票,发票编号为FP0206。业务部门及时将这张发票递交至财务部门,财务部门依据发票内容,精准确定了此次采购业务所涉及的应付账款金额以及采购成本,并由材料会计详细记录于材料明细账中,确保每一笔账目都清晰可查。

2. 具体操作示范

(1)在业务发生的当天,即2019年1月12日,以购销存核算会计的身份登录用友T3主窗口,依次选择"采购"→"采购发票"命令,打开"采购发票"窗口,准备进行发票录入工作。

(2)在"采购发票"窗口中,点击"增加"按钮,从下拉列表中选择"普通发票"选项。随后,点击"选单"下拉列表,选择"采购入库单"选项,打开"单据拷贝"对话框。在对话框中输入过滤日期"2019-01-12—2019-01-12",并点击"过滤"按钮,筛选出对应的入库单列表。在列表中选择与发票相关的单据。

(3)确认选择无误后,点击"确认"按钮,进入发票信息录入界面。

在此界面中,输入发票号"FP0206",并核对其他相关信息无误后,点击"保存"按钮,完成发票的录入工作。

(4)以账套主管的身份登录用友 T3 主窗口,对刚填制的采购发票进行审核。在审核界面中,仔细核对发票的各项信息,确认无误后,点击"复核"按钮,对发票进行审核。

(5)系统弹出确认对话框,提示是否确认审核。点击"是"按钮,确认审核操作,此时采购发票已处于审核通过状态。

(6)再次以购销存核算会计的身份登录用友 T3 主窗口,进行采购结算操作。点击"结算"按钮,系统弹出"自动结算"对话框。在对话框中设置相关结算参数,并点击"确认"按钮,启动自动结算过程。

(7)系统自动进行结算操作,并弹出结算成功提示。核对结算结果无误后,点击"确定"按钮,完成采购结算工作。

至此,整个填制并审核采购发票、采购结算的流程已顺利完成。通过这一系列操作,确保采购数据的准确性与完整性,为企业的财务管理提供了有力的支持。

(四)采购发票制单

对于采购结算后所产生的应付款项,应当及时完成制单工作,确保账务的准确性和及时性。

1. 情境背景资料

在 2019 年 1 月 12 日这一天,根据收到的发票进行了制单操作。此次制单旨在准确记录应付账款,为后续财务处理提供可靠依据。

2. 具体操作示范

(1)以购销存核算会计的身份登录用友 T3 系统,在业务发生的当天日期(2019 年 1 月 12 日)进入主窗口。在主菜单中依次选择"核算"→"凭证"→"供应商往来制单"命令,打开"供应商制单查询"对话框。在对话框中,勾选"发票制单"复选框,以便针对发票进行制单操作。

(2)确认选择无误后,点击"确认"按钮,系统将打开"供应商往来制单"窗口。在此窗口中,可以浏览并选择需要制单的单据。随后,在"凭证类别"下拉列表中选择适当的凭证类型,此处我们选择"转账凭证"选项。

(3)完成单据选择和凭证类别选择后,点击"制单"按钮,系统将打开"填制凭证"窗口。由于前面的制单日期已设定为"2019-01-31",我们按照制单时序要求,在凭证中输入该日期作为制单日期。完成凭证填制后,点击"保存"按钮。此时,凭证左上角将出现"已生成"标志,表示该凭证已成功传递到总账管理系统,为后续财务处理提供了准确依据。

(五)付款结算制单

在输入付款单后,便可启动付款核销及付款结算制单流程。

1. 情境背景资料

在2019年1月12日,公司财务部顺利开出一张转账支票,该支票主要用于结清采购单片机的货款。这张支票的编号为ZZ0212,且指定使用的银行账号为22006688。

2. 具体操作示范

(1)以购销存核算会计的身份,在业务发生的当天(即2019年1月12日),登录用友T3主窗口。随后,按照"采购"→"供应商往来"→"付款结算"的路径选择相应命令,从而开启"付款单"窗口。

(2)在"付款单"窗口中,首先选定"供应商"为"国美"。随后,点击"增加"按钮,进行结算信息的录入。在此,设定结算方式为"202转账支票",金额为"35000元",票据号为"ZZ0212",银行账号为"22006688"。完成信息录入后,点击"保存"按钮进行暂存,紧接着点击"核销"按钮启动核销流程。系统将自动调取出需进行核算的单据,我们只需在相应单据的"本次结算"栏中,输入结算金额"35000元",随后再次点击"保存"按钮以确认。

(3)按照"核算"→"凭证"→"供应商往来制单"的路径选择命令,打开"供应商制单查询"对话框。在此对话框中,勾选"核销制单"选框。

（4）确认选择无误后，点击"确认"按钮，进入"核销制单"窗口。在此窗口中，筛选出需要制单的单据，并从"凭证类别"下拉列表中选择"付款凭证"作为凭证类型。

（5）点击"制单"按钮，开启"填制凭证"窗口。由于前面的制单日期已设定为"2019-01-31"，需按照制单时序的要求，在窗口中输入制单日期"2019-01-31"。完成所有信息录入后，点击"保存"按钮。此时，凭证左上角应出现"已生成"的标志，这表示凭证已成功传递到总账管理系统，完成了整个付款结算制单流程。

二、销售业务处理

在企业日常运营中，销售环节无疑占据举足轻重的地位，它不仅直观反映企业生产经营的成效，而且对企业整体竞争力产生深远影响。随着市场竞争的加剧和信息技术的飞速发展，现代企业必须量身定制一套适合自身需求的销售管理系统。

先发货后开票业务模式单据流程如图5-1所示。

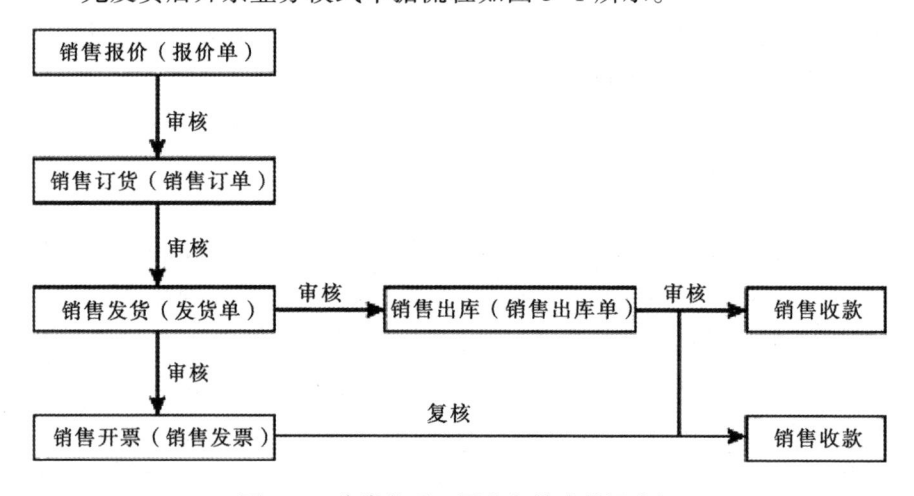

图 5-1　先发货后开票业务模式单据流程

（一）销售报价

所谓销售报价，是指在企业与客户之间达成的一种价格共识和约定。企业会先行提供货品的详细信息，双方随后就价格及其他相关事宜展开深入的沟通与协商,直至双方意见达成一致并形成共识。一旦协议成功达成,原先的销售报价单便可转化为具有法律效力的销售订单。需要强调的是,若其中任何一方违反双方共同确认的协议内容,则必须承担相应的违约责任。

在针对不同类型客户(新客户或老客户)、不同存货状况以及不同批量需求时,企业会根据实际情况灵活制定并提出各异的报价方案与折扣政策。而用户则应根据自身的实际需求与预算考量,审慎选择适合自己的销售报价单。

以下是操作示范的详细步骤。

(1)首先,登录销售管理系统,在菜单栏中选择"销售管理"选项,接着进入"销售报价"子菜单,并点击"销售报价单"。双击后,系统将会打开"销售报价单"对话框,方便用户进行后续操作。

(2)在"销售报价单"对话框中,点击增加按钮以创建新的报价单记录。随后,按照提示输入相关信息,包括报价日期、客户名称、所属部门、负责业务员、存货编号、订购数量以及无税单价等核心要素。

(3)完成所有必要信息的填写后,点击"保存"按钮以保存当前报价单。随后,为确保报价单的准确性和合规性,需点击"审核"按钮,由相关负责人员进行仔细审核。审核通过后,销售报价单方可正式生效,作为后续交易活动的重要依据。

(二)销售订货

销售订货是一个由购销双方共同确认的、旨在满足客户需求的重要过程。销售订单作为这一过程的核心载体,详细记录了购销双方共同确认的客户要货需求,它不仅可以以口头协议的形式呈现,更可以正式化为企业销售合同的形式,确保双方权益得到充分保障。销售订单的核心内容及其相关条款均紧密围绕货物展开,从货物种类、数量、价格到交货期限等各个方面都进行了详尽的规定。

以下是销售订货的操作示范。

(1)首先,需要在销售管理系统中选择"销售订货"功能,并进一步点击"销售订单"选项,以打开"销售订单"窗口。

(2)在打开的"销售订单"窗口中,点击"增加"按钮以新建一个销售订单。随后,通过点击"生单"下拉三角中的"报价"选项,可以打开"过滤条件选择"对话框，以便根据特定条件筛选出需要参照的报价单。

（3）在"过滤条件选择"对话框中，根据实际需要设置过滤条件，并点击"过滤"按钮以获取符合条件的报价单列表。在"参照生单"窗口中，通过双击选择需要参照的报价单，以便将报价单的相关信息自动带入销售订单中。

（4）完成报价单信息的导入后，需要根据实际情况补充销售订单的其他相关信息。点击"保存"按钮以保存销售订单，并点击"审核"按钮进行订单的审核工作。至此，整个销售订货的操作过程便完成了。

通过这样的操作过程，可以确保销售订货的准确性和高效性，为企业与客户之间的合作提供坚实的保障。

（三）销售发货

在整个销售流程中，销售发货环节扮演着举足轻重的角色，是业务执行过程中的关键环节。当这一重要节点到来时，企业务必严格按照先前与客户签署的合同条款，准确无误地将货物发送至指定地址。发货单，作为销售方履行发货义务的重要凭证，承载着整个销售发货业务的核心信息和执行任务。

以下是详细的操作示范。

（1）在销售管理系统中，精准定位到"销售发货"模块，并从中选择"发货单"功能，由此打开"发货单"的专用操作窗口。

（2）点击"增加"按钮，系统随即弹出"过滤条件选择"对话框。在此对话框中，通过仔细筛选和设定合适的过滤条件，精准定位所需的信息范围。点击"过滤"按钮后，系统将展示"参照生单"窗口，其中列出了符合过滤条件的销售订单列表。

（3）在"参照生单"窗口中，通过双击操作选中需参照的特定销售订单。确认选择无误后，点击"确定"按钮，系统会自动将所选"销售订单"的相关信息同步至"发货单"中。在此基础上，根据实际业务需要对"发货单"中的信息进行必要的补充和修改。完成所有编辑操作后，点击"保存"按钮，以确保更改生效。最后，为确保发货单信息的准确性和合规性，还需点击"审核"按钮进行审核操作。

通过这一系列精细化的操作步骤，企业能够高效、准确地完成销售发货任务，为提升客户满意度和保障业务顺利进行奠定坚实基础。

(四)销售开票

销售开票即为根据企业实际交易情况,针对不同客户开具发票的过程。销售发票,作为销售开票环节的核心单据,包含增值税专用发票、普通发票及其附带的清单等内容,用以记录与证明企业的销售活动。值得注意的是,只有对于已录入税号的客户,企业方有资格开具专用发票;而对于未录入税号的客户,则只能开具普通发票。

(1)首先,在销售管理系统的主界面上,依次点击"销售发票"和"销售专用发票"选项,随后双击打开"专用发票"窗口,准备进行后续的发票开具操作。

(2)在"专用发票"窗口中,点击"增加"按钮,系统随即弹出"过滤条件选择"对话框。在此对话框中,您可以根据实际需求设定筛选条件,以便快速定位到需要开具发票的相关记录。设定完毕后,点击"过滤"按钮,系统将自动筛选出符合条件的记录,并在"参照生单"窗口中展示。

(3)在"参照生单"窗口中,通过双击需要参照的发货单,相关信息将自动填充至"销售专用发票"的相应字段中。核对无误后,点击"确定"按钮,完成从"发货单"到"销售专用发票"的信息导入。接着,根据实际情况对发票信息进行必要的补充和修改,确保所有内容准确无误。最后,依次点击"保存"和"复核"按钮,对本次开具的专用发票进行保存和复核操作。

(五)销售出库

(1)首先,工作人员需登录库存管理系统,在主界面上选择"单据列表"选项,接着从中选择"销售出库单列表"。随后,点击"过滤条件选择—销售出库单列表",以进入相应的筛选界面。

(2)在筛选界面中,工作人员可以根据实际需要设置过滤条件,以便更加精确地定位到待审核的销售出库单。完成条件设置后,单击"过滤"按钮,系统将会根据设定条件展示符合条件的销售出库单列表。

(3)在销售出库单列表中,工作人员应仔细筛选并确认需要审核的出库单。一旦选定,点击"审核"按钮,系统将对该销售出库单进行自动审核处理。在此过程中,工作人员应确保审核操作的准确性和高效性,以保障销售出库业务的顺利进行。

（六）应收款确认

操作示范：

（1）在应收款管理系统中，请首先选择"应收单据处理"功能，并在下拉菜单中点击"应收单据审核"。接着，通过双击操作，将看到"应收单过滤条件"对话框打开。

（2）在"应收单过滤条件"对话框中，请输入所需的查询条件，并点击"确定"按钮。此时，"单据处理"窗口将呈现在面前。只需双击"应收单据列表"中的"选择"栏，选中需要审核的单据，然后点击"审核"按钮，系统会给出审核成功的提示。

（3）再次打开应收款管理系统，找到并点击"制单处理"功能。当"制单查询"对话框成功打开后，请选择"发票制单"选项，并找到"确认"按钮进行点击。此时，"销售发票制单"窗口将会出现。在"凭证类别"选项中，请选择"转账凭证"。随后，根据需求修改制单日期，并点击"全选"按钮，以选中需要制单的销售发票。完成上述步骤后，点击"制单"按钮，系统将生成一张转账凭证。请确保凭证内容完整无误后，点击"保存"按钮进行保存。

（七）出库成本确认

操作示范：

（1）在存货核算系统界面中，首先选择菜单栏中的"业务核算"选项，接着点击子菜单中的"正常单据记账"功能，此时系统将弹出"过滤条件选择"对话框。在此对话框中，根据实际需求设置相应的过滤条件，然后点击"过滤"按钮，系统会根据所设定的条件打开"未记账单据一览表"窗口，展示所有未记账的单据列表。

（2）在"未记账单据一览表"窗口中，找到需要记账的单据，在对应的"选择"栏内双击进行选中。完成选择后，点击窗口下方的"记账"按钮，系统将自动完成所选单据的记账操作。

（3）记账完成后，返回系统主界面，选择菜单栏中的"财务核算"选项，然后点击子菜单中的"生成凭证"功能，系统将打开"生成凭证"窗口。在此窗口中,选择凭证类别为"转账凭证",以便后续生成符合财务规范的记账凭证。

(4)在"生成凭证"窗口中,点击"选择"按钮,系统将弹出"查询条件"对话框。在此对话框中,选中"销售专用发票"前的复选框,表示要查询与此类单据相关的未生成凭证记录。设置完毕后,点击"确定"按钮,系统将根据查询条件打开"未生成凭证单据一览表"窗口。

(5)在"未生成凭证单据一览表"窗口中,通过单击"选择"栏,选中待生成凭证的单据。选中后,再次点击窗口下方的"确定"按钮,系统将返回"生成凭证"窗口,并自动将选中的单据信息带入凭证生成界面。

(6)在"生成凭证"窗口中,根据会计科目的要求,将相应的会计科目补充完整。完成补充后,点击"生成"按钮,系统将根据所选单据和会计科目信息生成一张记账凭证。最后,根据实际情况修改制单日期并保存凭证,完成整个操作过程。

三、库存业务处理

库存管理系统通常与采购管理系统、销售管理系统以及存货管理系统等多个模块协同作业,共同构建一个完整且高效的企业资源规划体系。通过这种整合与协作,库存管理系统能够更为准确地把握库存动态,为企业的生产、销售以及管理决策提供有力支持。

在库存管理日常业务中,最核心的任务无疑是采购入库和销售出库两大环节。在之前学习采购业务和销售业务的过程中,已经对这两个环节进行了详细的练习和实践。本节将重点针对工作中经常涉及的调拨业务、盘点业务以及其他因各种原因引起的入/出库业务进行深入探讨和练习。

对于盘点业务而言,其重要性不言而喻。为了确保库存数据的准确性,我们在工作中应当采用定期与不定期相结合的方式进行盘点。这不仅有助于我们及时发现并纠正库存数据中的错误,还能确保库存的实物与账目数据保持高度一致。此外,在日常工作中,我们还需时刻关注账实数据的核对,一旦发现不符之处,应立即采取措施进行更正。

库存管理系统的业务流程如图5-2所示。

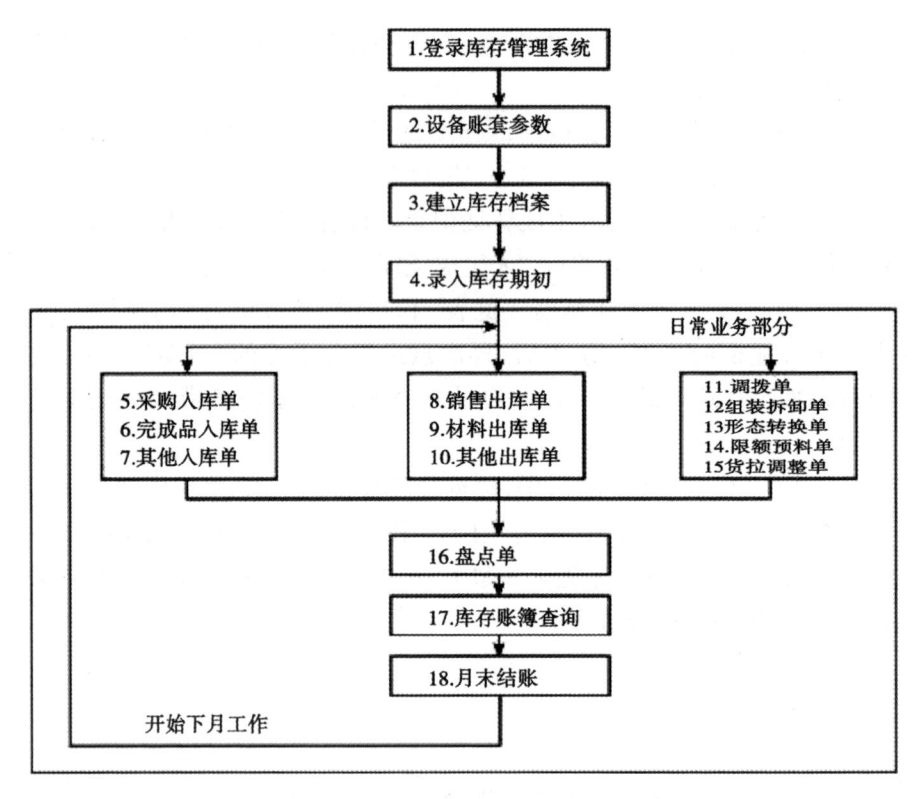

```
┌─────────────────────┐
│ 1.登录库存管理系统   │
└──────────┬──────────┘
           ↓
┌─────────────────────┐
│ 2.设备账套参数       │
└──────────┬──────────┘
           ↓
┌─────────────────────┐
│ 3.建立库存档案       │
└──────────┬──────────┘
           ↓
┌─────────────────────┐
│ 4.录入库存期初       │
└──────────┬──────────┘
           ↓                                       日常业务部分
┌──────────────┐  ┌──────────────┐  ┌──────────────────┐
│5.采购入库单  │  │8.销售出库单  │  │11.调拨单         │
│6.完成品入库单│  │9.材料出库单  │  │12.组装拆卸单     │
│7.其他入库单  │  │10.其他出库单 │  │13.形态转换单     │
│              │  │              │  │14.限额预料单     │
│              │  │              │  │15.货拉调整单     │
└──────────────┘  └──────┬───────┘  └──────────────────┘
                         ↓
                 ┌──────────────┐
                 │ 16.盘点单    │
                 └──────┬───────┘
                        ↓
                 ┌──────────────┐
                 │17.库存账簿查询│
                 └──────┬───────┘
                        ↓
                 ┌──────────────┐
                 │ 18.月末结账  │
                 └──────────────┘
开始下月工作
```

图 5-2　库存管理系统的业务流程

为了更有效地管理库存，可以考虑建立虚拟仓库。通过调拨的方式，将错误的存货移至虚拟仓库中，从而在真实仓库中始终保持账账相符、账实相符的状态。这种方法不仅能够提高库存管理的效率和准确性，还有助于降低因库存数据错误而带来的潜在风险。

（一）调拨业务处理流程

1.情境背景资料

（1）在 2019 年 1 月 20 日，经过库存检查，发现联想电脑仓中有两台电脑存在故障问题，暂时无法进行销售。为确保库存准确性与销售流程的顺畅，有必要对这两台电脑的故障原因进行深入分析，并暂时将其调拨至不良品仓中等待进一步的检修与确认。

（2）随后，在 2019 年 1 月 22 日，经过专业维修人员的仔细检查与故障排除，确认这两台电脑的质量并未受到影响，可正常进行销售。因此，决定将这两台已修复的联想电脑从不良品仓重新调拨回联想电脑仓，以便恢复其销售状态。

2. 具体操作示范

调拨业务作为一种常见的仓库管理操作，主要涉及物料在不同仓库之间的转移与调配。以下是进行调拨业务时的详细操作步骤。

（1）填写并审核调拨单

通过库存管理系统中的"库存管理"模块，选择"调拨业务"子菜单，进一步点击"调拨单"功能以打开录入窗口。在此窗口中，依次录入调拨日期、转出仓库（即联想电脑仓）、转入仓库（即不良品仓）、出库类别（根据实际情况选择）、入库类别（根据实际情况选择）、存货编码（即待调拨电脑的编码）、调拨数量（即两台电脑）等相关信息。保存调拨单后，进行单据的审核操作，确保调拨信息的准确性与合法性。

（2）审核其他入库单

在调拨完成后，需要通过"库存管理"模块中的"入库业务"子菜单，选择"其他入库单"功能以打开相关窗口。在此窗口中，通过翻页功能找到对应的调拨入库单据，并进行审核操作。这一步骤旨在确认调拨电脑已正确入库至不良品仓。

（3）审核其他出库单

当调拨电脑从不良品仓返回至联想电脑仓时，同样需要进行出库单的审核操作。通过"库存管理"模块中的"出库业务"子菜单，选择"其他出库单"功能打开相应窗口。在此窗口中，找到对应的调拨出库单据并进行审核，以确保调拨电脑已顺利从不良品仓转出。

（4）特殊单据记账处理

在调拨业务完成后，还需要进行特殊单据的记账处理。通过"存货核算"模块中的"业务核算"子菜单，选择"特殊单据记账"功能。在此功能中，根据已审核的调拨单进行记账操作，记账方法与正常单据记账方法相同。需要注意的是，调拨单记账的本质是对其他入库单和其他出库单进行记账处理。

（二）盘点业务

1. 情境背景资料

在 2019 年 1 月 25 日进行的联想电脑仓库存盘点工作中，经过细致的核查与对比，我们发现了一处细微的差异：实际库存的联想电脑数量比账面记录多出了一台。经过评估，这台多余的电脑将以 5000 元的价值被纳入账目中。

2. 具体操作指导

（1）盘点单的编制与审核

通过系统内的"库存管理"模块，进入"盘点业务"功能，打开盘点单录入窗口。在新增盘点单时，选择普通仓库盘点类型，并根据实际情况修改账面日期和盘点日期。接着，选择正确的盘点仓库、出库类别以及入库类别。随后，点击工具栏上的"盘库"按钮，系统会自动填写表体内容。在此基础上，我们需要对盘点数量进行修正，即在账面数量的基础上增加 1 台。完成这些步骤后，保存并审核盘点单。

（2）其他出入库单的审核

通过"库存管理"模块下的"入库业务"子模块，进入"其他入库单"功能，打开其他入库单窗口。在窗口中，我们可以通过翻页功能找到待审核的单据，并进行审核操作。

（3）正常单据记账

完成上述步骤后，按照单据填写的正常流程进行记账操作，确保所有相关数据准确无误地录入系统。

（4）凭证的生成

通过"存货核算"模块下的"财务核算"子模块，进入"生成凭证"功能。根据之前审核通过的其他入库单，系统自动生成相应的凭证。

（三）其他出库业务

1. 情境背景资料

2019年1月27日，由于联想电脑仓库管理不善，导致1台联想电脑损坏至无法修复的程度。此次损失将由仓库管理员承担相应赔偿责任。

2. 具体操作示范

其他出库业务主要指的是除了常规出入库、盘点及调拨等核心业务之外的特殊业务处理。下面将详细展示其操作过程。

（1）其他出库单的填写与审核

在"库存管理"模块下，通过"出库业务"选项中的"其他出库单"功能，打开单据录入界面。在此界面上，新建单据后，需根据实际情况修改出库日期，并正确选择仓库及出库类别。接着，在单据的表体部分，选择受损的联想电脑作为存货，并录入其数量。完成上述步骤后，保存单据并进行审核。

（2）正常单据记账

记账环节按照单据填写的常规流程进行，确保数据准确无误地记录到账簿中。

（3）生成记账凭证

通过"存货核算"模块下的"财务核算"选项，选择"生成凭证"功能。根据已审核的"其他出库单"，系统会自动生成相应的记账凭证。

第六章

大数据赋能背景下会计信息化的创新发展

第一节 大数据赋能下的业财深度融合——业财一体化建设

移动互联网信息技术的迅猛发展与广泛普及,正推动着企业经营者通过数字化信息的实时捕捉和深入分析,快速揭示出潜在的经营问题,并据此做出精准的经营决策。传统的财会工作受限于其固有的模式和范畴,难以全面渗透到企业的各个业务领域,而产业与财富的深度融合则进一步要求新时期的企业管理者具备前瞻性的思维和创新性的理念。

一、业财一体化概述

业财一体化作为近年来备受瞩目的创新财务管理理念,已得到行业的广泛认同与积极实践。该理念强调以财务相关信息的流畅运行为核心,致力于实现企业资金流动的全场景化管理,以及对财务管理活动的全局性整合与统筹。通过业财一体化,企业能够充分满足各个环节和部门对财务管理信息的多样化需求。

业财一体化的实施不仅推动了企业内部的深度融合,更具体表现为组织融合、认知融合和流程融合三大方面的显著成效。通过这一创新模式,企业的财务数据与业务数据得以紧密连接,财务流程与业务流程之间的壁垒被彻底打破,全场景在线与全流程在线的无缝衔接得以实现。这不仅优化了业务流程与财务管理流程,更在提升整体运营效率的同时,为企业的健康发展注入了强大动力。

业财一体化理念的引入无疑为企业财务管理工作带来了极大的助力。它全面监控财务与业务流程,从财务管理角度出发优化企业业务流程,同时根据业务流程实际情况提升财务管理工作效率。在信息化建设系统的基础上,业财一体化实现了财务数据信息与业务数据信息的融合与快速共享,极大增强了数据流通与整合的效果。因此,业财一体化有助于企业做出更加科学、合理、高效的生产经营管理决策,提升企业的整体竞争力和市场地位。这一理念的实施不仅有助于企业实现财务与业务的深度融合,更有助于推动企业的可持续发展和长期繁荣。

二、大数据与业财一体化的关系

(一)大数据为业财融合提供全面且精准的数据支持

传统的数据收集方式常常受限于时间、地域及资源条件,使企业在获取业务和财务数据时面临诸多难题,难以达到全面且准确的目标。然而,随着大数据技术的崛起,这一难题得到了有效的解决。大数据技术以其强大的数据收集、处理和分析能力,能够整合各种类型的数据资源,包括丰富的财务数据、详尽的业务数据等,为企业提供了全方位的市场和行业洞察,进而为企业的决策制定提供了有力支持。

与传统的决策方法相比,大数据技术不再局限于有限的数据样本和经验判断,而是通过对海量数据的深度挖掘和分析,揭示出隐藏在数据背后的规律和趋势。借助深度学习和机器学习等先进算法,大数据技术能够精准地识别出有价值的信息点,助力企业在业财融合方面做出更加明智和精准的决策。

以消费者行为分析为例,企业可以通过大数据技术深入挖掘消费者的购买习惯、偏好和需求,从而制定出更具针对性的营销策略。这不仅有助于提升营销效果,还能够增强企业与消费者之间的连接和互动。此外,在财务决策方面,大数据技术也能够发挥重要作用。通过综合考虑企业的财务状况、市场趋势以及竞争对手情况等多个维度,大数据技术能够帮助企业更全面地评估投资项目的风险和收益,进而制定出更加科学合理的财务决策方案。因此,大数据技术的应用不仅极大地拓展了企业获取数据的范围和深度,还为企业提供了更加全面和精准的数据支持。这有助于企业在业财融合方面实现更高效的决策和更精准的运营,进而提升企业的整体竞争力和市场地位。

（二）大数据显著提升业财融合处理效率

大数据技术的应用显著提升了业财融合的处理效率。通过强大的数据整合与分析能力,企业能够全面捕捉、管理和处理各类数据,为业财融合提供精准支持。同时,大数据的实时性确保企业可迅速应对市场变动,及时调整策略。此外,大数据还有助于建立风险预警机制,提前发现并应对潜在风险,从而保障企业运营的稳定性。更重要的是,利用大数据优化资源配置、加强部门间信息共享与协同,进一步提高了企业的整体运营效率和部门间的沟通合作。可见,大数据技术的应用无疑为企业的业财融合处理效率带来了革命性的提升。

（三）大数据驱动业财融合决策,实现精准高效

传统的数据分析方法受限于数据量及资源投入,往往只能对有限的数据进行浅层次的分析,且这一过程耗时耗力。然而,大数据技术为企业带来了全新的数据处理方式。它能够高效收集、存储和处理海量的数据,通过数据挖掘和先进的分析算法,从浩如烟海的信息中提炼出有价值的规律和趋势。这些翔实、全面的数据为业财融合提供了强有力的支持,帮助企业获得更深入、更精准的洞察。

在传统的决策模式中,决策者往往过度依赖个人经验和直觉,使决策过程容易受到主观因素的干扰。相比之下,大数据技术能够通过对海量数据进行深入剖析和挖掘,揭示数据间的内在联系和潜在影响,为决策者提供更为客观、科学的决策依据。这有助于企业避免主观臆断,提高业财融合决策的准确性和合理性。

此外,在传统的业财融合决策中,业务部门与财务部门之间的信息不对称现象普遍存在,这在一定程度上影响了决策的有效性和一致性。大数据技术的应用打破了这一僵局,通过将业务数据和财务数据进行整合和深度分析,实现了信息的共享和互通。这不仅提高了决策的准确性和一致性,还通过自动化和智能化的手段,大大加快了决策过程,提升了决策效率。

三、大数据赋能下业财一体化建设的策略

(一)全面优化财务管理制度

企业应明确规范数据采集、处理、存储及共享等各环节的操作流程,确保财务数据的准确性、完整性和安全性。这包括但不限于建立严格的数据质量标准、加强数据安全管理措施以及完善数据共享机制等。此外,企业还应注重财务管理制度的落地与执行,确保各项规定能够真正转化为实际行动,并形成常态化的管理机制。

为实现这一目标,企业可采取以下措施:一是加强财务管理制度的培训与沟通工作,提高员工对制度的理解和执行力;二是推行开放与协同的战略,鼓励内外部利益相关方共同参与财务管理制度的完善与落实;三是积极开展跨部门、跨领域的合作与交流,吸纳各方的宝贵意见与建议,使财务管理制度更具适应性和可操作性。这些措施不仅有助于企业实现稳健的财务运营,还将为企业的可持续发展奠定坚实的基础。

(二)构建完善的财务信息平台和风险预警机制

首先,企业应致力于打造一个先进的财务信息平台。该平台需具备强大的数据集成与管理能力,能够有效整合并处理海量的财务数据。借助大数据技术,该平台不仅能够整合内外部数据资源,还能提供卓越的数据处理与分析功能。风险预警机制的建立则使企业能够实时监测各类风险指标,一旦数据触及预警阈值,便可迅速响应并采取措施,从而有效控制风险。此外,企业应积极推动员工对这两个机制的使用和培训,确保各级人员能够充分利用这些工具进行决策和风险管理,提高企

业的整体运营效率和风险管理水平。这种综合策略不仅大幅提升了企业财务管理的智能化水平,也显著增强了风险识别和应对能力,为企业的稳健运营提供了坚实保障。

为确保业财一体化建设的持续优化,企业还需定期评估财务信息平台和风险预警机制的有效性,包括收集用户反馈、分析系统性能数据以及评估风险应对的效果等。通过不断调整和完善相关指标、阈值及应对措施,使其更加符合市场变化和企业实际需求。同时,企业也要关注新兴技术的发展,及时将这些技术融入财务信息平台和风险预警机制中,以保持系统的先进性和竞争力。这样一来,大数据技术不仅为企业提供了丰富的财务信息支持,还助力企业实现高效的风险管理,推动企业业财融合的深入发展,为企业的长期稳健发展奠定坚实基础。

(三)优化内部控制环境

在大数据技术的驱动下,业财一体化建设的成功离不开内部控制环境的深度优化。为了实现这一目标,企业应当从多个层面出发,采取一系列切实有效的措施。

第一,加强数据治理与标准化工作。企业应建立一套完善的数据治理机制,通过制定数据标准化规范,确保财务和业务数据在格式、命名和存储等方面达到统一标准。同时,借助大数据技术,不断提升数据质量,确保数据的准确性和一致性,为业财一体化提供坚实的数据基础。

第二,完善内部控制流程。企业应梳理现有流程,找出可能存在的漏洞和不足,通过实时监控和数据分析,及时发现问题并采取相应的优化措施。此外,优化审批流程,减少不必要的环节,提高审批效率,降低企业运营风险。

第三,强化信息系统安全同样不容忽视。企业应建立完善的安全管理制度,采用先进的数据加密技术,确保数据在传输和存储过程中的安全。此外,定期进行安全检查,及时发现并修复潜在的安全隐患,确保信息系统的稳定运行。

第四,提升员工的大数据知识和技能也是优化内部控制环境的重要手段。企业应开展针对性的培训活动,使员工掌握大数据技术的基本应用和原理,提高数据处理和分析能力。同时,培养员工的内部控制意识,使他们能够自觉遵守规章制度,积极参与内部控制环境的优化工作。

第五,构建风险评估与应对机制是保障业财一体化建设顺利推进的重要保障。企业应利用大数据技术建立全面的风险评估模型,对可能面临的风险进行识别和评估。针对不同类型的风险,制定相应的应对措施,确保企业在面对风险时能够迅速做出反应。同时,定期向管理层报告风险评估结果,为企业的战略决策提供有力支持。

综上所述,通过加强数据治理与标准化工作、完善内部控制流程、强化信息系统安全、提升员工的大数据知识和技能以及构建风险评估与应对机制等多方面的措施,企业可以有效优化内部控制环境,为业财一体化建设的顺利推进提供坚实的保障。这将有助于企业在大数据时代实现更高效、安全的运营管理,提升企业的核心竞争力和市场地位。

(四)构建统一的操作管理系统

1. 建立统一的数据平台

在大数据赋能下,构建统一的数据平台是业财一体化建设的基石。该平台能够整合企业内各部门和系统的业务与财务数据,消除数据孤岛现象,确保数据的完整性和准确性。借助云计算技术,我们实现了数据的集中存储与管理,这不仅提升了数据处理速度,还增强了决策的时效性。此外,云计算的弹性扩展能力也为企业未来数据量的增长提供了有力支持。

2. 业务流程自动化的实现

为实现业财一体化,我们进一步推动了业务流程的自动化。通过引入先进的企业资源计划(ERP)系统或工作流管理系统,我们对业务流程进行了精细化建模和优化。这不仅提高了工作效率,减少了人为错误,还通过系统自动生成凭证和财务报告,大幅提升了财务工作的准确性和效率。

3. 加强业务与财务的协同

在业财一体化建设中,加强业务与财务的协同至关重要。我们建立了业务和财务数据的无缝对接,避免了数据的重复录入,确保了数据的一致性。同时,我们还打造了业务和财务的协同分析平台,利用大数据技术深度关联分析两类数据,为管理层的决策提供了更为全面和深入的支持。

4. 提升管理水平与决策效果

为了进一步提升企业的管理水平和决策效果,要将关键绩效指标(KPI)与财务指标进行了有机关联。这种关联分析不仅揭示了业务绩效与财务绩效的内在联系,还为管理决策提供了更为精准的依据。同时,通过建立预算控制和风险管理机制,并应用大数据技术进行预测建模和实时监控,可显著提高企业的财务稳定性和风险抵御能力。

5. 确保系统安全与持续优化

在推进业财一体化的过程中,要始终重视系统的安全性。通过设定明确的数据访问权限和强密码策略,确保系统数据的安全无虞。同时,还可实施定期的数据备份策略,以便在意外情况下能够迅速恢复数据。为了保持系统的先进性和竞争力,可以建立系统监控和审计机制,定期评估系统性能和用户反馈,并根据需要进行更新和改进。这些措施共同为业财一体化建设的稳步推进提供了坚实保障。

第二节 大数据赋能下会计信息的集中管控——财务共享中心建设

一、财务共享服务的产生

财务共享服务的崛起,主要归功于其为企业带来的多元价值。这种服务模式不仅局限于财务层面,更延伸至人力资源、信息服务、后勤管理等多个领域,为企业提供更为专业和标准化的服务。其带来的益处简要概述如下。

(一)成本的大幅度降低

财务共享模式的引入从根本上解决了企业降低成本的核心问题。这一模式通过资源的集中共享与业务的统一处理,显著降低了运营成本。以往,企业常常因岗位重复设置而造成人力资源的浪费。然而,通过财务共享,企业能够合理调配工作量,实现人力资源的优化配置,从而节约人员、时间以及沟通等成本。此外,财务共享还推动了业务流程的标准化和精简化,进一步压缩了成本空间。

(二)服务质量与运营效率的双提升

共享服务的优势在于其标准化、系统化和数据化的管理和流程。通过摒弃低效、重复的作业环节,采用高效、简洁的工作模式,企业能够大幅提升工作效率。例如,全球领先的企业软件供应商甲骨文公司,通过建立区域化的共享服务中心,实现了全球子公司年末结账与合并结算的高效完成。这充分展示了共享服务中心在提升服务质量和运营效率方面的显著作用。

(三)核心业务的高效推进

财务共享服务为企业构建了强大的后台支撑体系,简化了复杂烦琐的工作流程,使企业能够更专注于核心业务的发展。通过将那些烦琐重复、非核心的业务流程交由共享服务中心进行统一管理和运作,企业不仅实现了人力资源的优化配置,还显著提升了工作效率。这样一来,企业便能将宝贵的人力资源集中投入核心业务的发展上,从而确保核心业务的竞争力得到持续增强。

财务共享服务的引入不仅为员工提供了稳定而强大的支持,使他们能够更加专注于本职工作,同时也极大地提升了客户体验。通过优化服务流程、提升服务质量,共享服务中心为企业赢得了更多客户的认可和信赖,为企业的长远发展奠定了坚实的基础。

(四)企业标准化进程的加速推进

企业的成长与标准化进程密不可分。共享服务中心的建立,成功整合了原本分散的业务资源和活动,形成了统一的资源池,为企业提供了统一的业务运营和人力资源管理平台。这不仅提升了工作效率和服务质量,还推动了企业的标准化进程。以渣打银行为例,通过建立共享服务中心并整合各分公司的计算机系统,该银行实现了系统技术的标准化,为各分公司之间的顺畅沟通和管理提供了有力支持。

二、财务共享服务中心的框架与组织

(一)财务共享服务中心的框架设计

1. 组织架构设计

组织架构是财务共享服务中心运行的骨架。因此,需要设计合理的运营模式,以确保财务共享服务中心能够高效运作,包括明确各部门之间的职责划分、建立有效的沟通机制等。同时,还应设立完善的内设机构,包括财务部门、人力资源部门、信息技术部门等,并明确各部门的职责和人员配置。此外,建立有效的管控关系也是至关重要的,以确保财务共享服务中心与企业其他部门的协同工作,共同推动企业的整体发展。

2. 财务职责及范围设计

在财务共享中心财务职责及范围的设计过程中,首要任务是对原有的财务业务进行全面细致的拆分,包括但不限于会计核算、财务数据及报表编制、资金管理、税务筹划与合规管理等核心领域。随后,将这些拆分后的财务业务统一上收到财务共享服务中心,以形成一套更加清晰、高效的财务业务职责范围体系。

在拆分原有的财务业务时,需紧密结合公司的行业特性,并重点贯彻以下原则,以确保财务共享中心的构建既符合公司实际情况,又能充分发挥其效益。

(1)易获取性。强调数据或服务的集中获取能力,便于财务共享中心统一管理和调配资源,提高工作效率。

(2)规模化效应。针对业务量大且重复发生的财务业务,通过集中处理实现规模效应,降低成本并提高处理速度。

(3)相对独立性。对于客户面对面接触要求较低的财务业务,可优先纳入财务共享中心,以减轻前台业务人员的工作压力。

(4)标准化操作。通过对业务流程进行优化改造,实现标准化操作,提高财务数据的准确性和一致性。

(5)自动化水平。注重提高自动化处理程度,通过信息化建设实现跨区域作业的协同和高效运作。

3. 财务共享业务流程设计

流程架构是财务共享服务中心高效运作的关键。我们需要梳理并优化财务共享服务中心的业务流程,以确保流程的顺畅和高效,包括简化复杂的流程、消除不必要的环节、提高流程自动化水平等。同时,还应建立流程服务目录,明确各项服务的内容和标准,以便员工和客户能够清楚地了解和使用各项服务。此外,设计典型流程也是非常重要的,这可以为类似业务提供参考和借鉴,提高财务共享服务中心的整体运作效率。

4.信息系统架构与实施策略的精心策划

倘若缺乏信息技术的支撑,财务共享服务中心的构想便无从谈起,其迅猛发展的步伐更是无从谈起,因为它建立在信息技术日新月异的坚实基础之上。所以,我们首先需要精心构建一套完善的信息系统,并以其为稳固基石,搭建起财务共享服务中心的框架。唯有如此,才能确保共享服务中心能够跨越地域界限,高效处理各类业务,从而大幅度削减人力成本,显著提升工作效率,为企业创造更为可观的效益。

(二)财务共享服务中心的内部组织划分

1.按专业领域细致划分

财务共享服务中心内部设有多个业务小组,它们各自依据专业领域的不同而分工明确,专注于为各自的业务流程提供精准而专业的服务。每个小组都直接面向其服务对象,即那些与本小组业务紧密相关的员工。每个业务小组都设有一名负责人,他们不仅负责监管小组的日常运作,还承担着处理小组业务的核心职责。此外,为了保障业务小组的高效运作,还设立了一个独立的小组,专为各业务小组提供必要的支持与协助。共享中心经理则直接对中心内部的各小组进行管理和指导。这一组织模式的具体架构如图 6-1 所示。

这种以专业化原则为基础的组织划分方式在提升标准化程度方面取得了显著成效,不仅有助于优化人力资源配置,提高利用效率,而且简化了培训工作的复杂程度,使培训更加具有针对性和实效性。

然而,这种组织模式也存在一定的弊端。由于各业务小组间的联系相对较少,可能导致组织间的协调难度较大,从而影响整个组织目标的实现。因此,在实际操作中,需要不断探索和完善组织架构,以促进各业务小组之间的紧密协作,确保组织整体的高效运行。

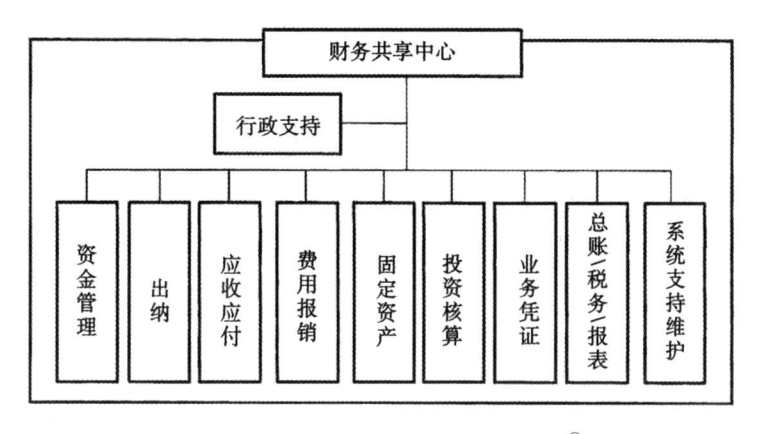

第六章
大数据赋能背景下会计信息化的创新发展

图6-1 按小组专业划分的组织模式①

2. 根据业务流程性质进行划分

在财务共享服务中心,我们根据不同的业务流程性质精心组织了以下四个业务团队,以确保高效、精准的财务服务。

结算组:该团队主要负责资金操作活动,包括但不限于资金的收付、对账、调拨等关键性流程,以确保企业资金的顺畅流动和安全管理。

核算一组:该团队专注于提供会计核算服务,涵盖费用报销审核、应付账款核算等多个方面。他们严谨细致地处理每一笔账目,确保会计信息的准确性和合规性。

核算二组:此团队则负责投资核算、固定资产管理、税金计算和财务报表编制等更为专业和复杂的财务任务。他们运用专业的财务知识和技能,为企业提供全面、深入的财务分析和建议。

支持维护组:该团队致力于财务系统的机构设置、部门划分、人员配置等维护工作,同时负责知识管理和Call-center的基本运营。他们确保财务系统的稳定运行和持续优化,为其他业务团队提供强有力的技术支持。

此外,为了确保上述业务单元的高效运作,我们还特别设立了一个行政小组,负责协调各方资源、提供行政支持等工作。共享服务中心经理则负责全面管理和指导这些内部业务团队,确保他们之间的协作顺畅、高效,如图6-2所示。

---

① 王兴山.数字化转型中的财务共享[M].北京:电子工业出版社,2018:90-91.

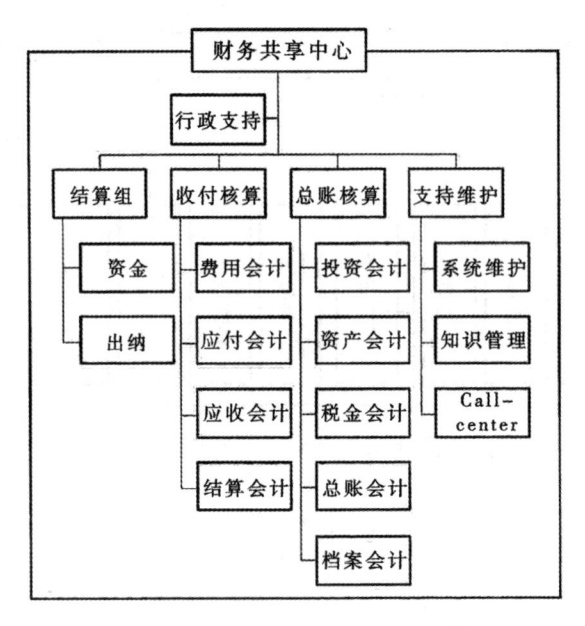

图 6-2　按业务流程性质划分[①]

3. 财务共享服务与 IT 共享服务的并行运作模式

在财务共享服务与 IT 共享服务的并行运作模式中，两大团队各自肩负着不同的职能，且共同服务于整个组织。

财务共享服务团队：该团队致力于为业务单位提供一系列核心服务，涵盖结算、核算及报表等多个关键环节。为确保高效运营和流畅协作，其组织结构的搭建充分考虑了业务流程的性质，与按业务流程性质划分的组织模式保持高度一致，以确保服务质量的提升和业务目标的达成。

IT 共享服务团队：这一团队则专注于为公司提供全方位的 IT 支持和服务。无论是日常的技术维护，还是系统的升级和优化，都离不开他们专业的技术背景和扎实的知识储备。

除此之外，为了确保两大团队能够更好地协同工作，实现资源的最大化利用，还特别设立了一个行政支持小组。他们将在行政事务上为两大团队提供有力的支撑和保障，以确保共享服务的顺利运作。

---

① 王兴山.数字化转型中的财务共享[M].北京：电子工业出版社,2018：101-102.

共享中心经理的角色至关重要。他们将直接面向中心内的各团队和小组开展工作,通过有效的协调和管理,确保各项服务能够高效、有序地推进,从而为公司的发展提供有力的支撑和保障。具体如图6-3所示。

```
                    ┌──────────────────┐
                    │  财务共享中心经理  │
                    └──────────────────┘
                            │
                    ┌───────┴────────┐
                    │    行政支持     │
                    └────────────────┘
                            │
          ┌─────────────────┴─────────────────┐
    ┌──────────────┐                  ┌──────────────┐
    │ 财务共享服务经理 │                  │ IT共享服务经理 │
    └──────────────┘                  └──────────────┘
```

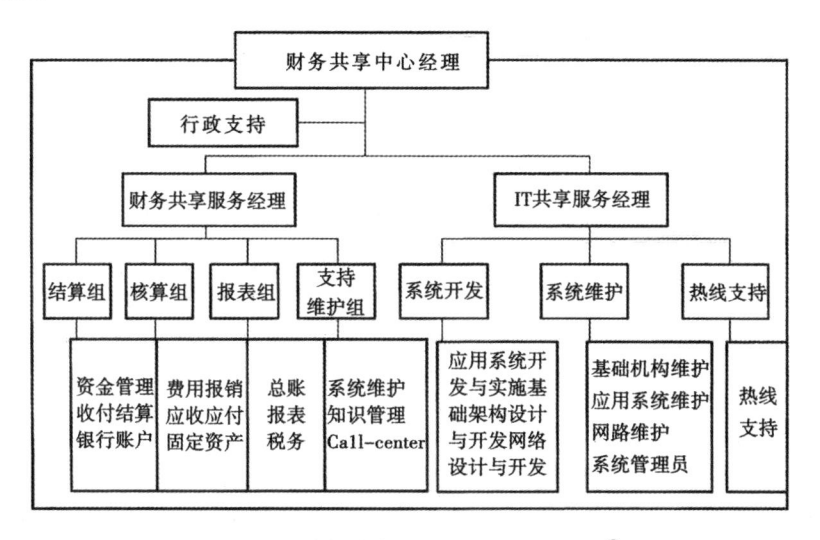

图 6-3　财务共享与 IT 共享并行模式 ①

上述三种组织模式各自独具特色,都具备着特定的优势与适用场景,同时也各自存在着一定的局限性和不足。因此,我们不能一概而论地评价它们的优劣得失。在构建内部组织结构模式时,必须依据共享服务的战略结构和战略职能进行深入剖析,并以此为依据做出明智的决策。不过,无论我们最终选择哪种模式,都必须确保在企业成本和客户满意度之间找到最佳的平衡点。

三、财务共享中心建设存在的问题

目前,我国企业在财务共享中心建设方面已经取得了显著成果,不仅为企业价值创造注入了新的动力,还在一定程度上优化了企业的经营管理。然而,仍存在一些亟待解决的问题,具体表现在以下几个方面。

首先,随着企业战略转型的深入推进,对财务共享中心的建设提出了更高的要求。近年来,我国宏观经济面临一定的下行压力,同时产业

---

① 王兴山.数字化转型中的财务共享[M].北京:电子工业出版社,2018:104-105.

结构也在加速转型,这使企业在经营过程中面临着更多的不确定性因素。为了应对这些挑战,许多企业开始尝试多元化战略转型,以适应新的市场环境。这种转型不仅涉及业务模式的改变,还需要对人力、物力和财力进行重新整合和配置。因此,财务共享中心需要积极响应这些变化,不断调整和完善自身的功能和服务,以更好地支持企业的战略转型。

其次,企业业财融合管理机制建设的不完善也制约了财务共享中心作用的发挥。尽管一些企业已经建立了财务共享中心的框架,但在实际运行过程中,仍然存在许多问题。例如,部分企业的业务部门和财务部门之间缺乏必要的协同工作机制,导致信息无法实时高效共享。这不仅影响了财务共享中心的工作效率,也限制了其在企业价值管理和创造方面的作用。因此,企业需要加强业财融合管理机制的建设,打破部门间的信息壁垒,实现信息的实时共享和高效利用。

再次,财务共享人才的匮乏也是制约财务共享中心建设的一个重要因素。目前,许多企业的财务管理人员专业能力有限,对财务共享中心的认识和理解还不够深入。一些财务人员甚至将财务共享中心简单地视为升级版的电算化软件,缺乏对其在企业价值管理和创造方面的重要性的认识。因此,企业需要加强对财务人员的培训和教育,提高他们的专业素养和技能水平,使其能够更好地适应财务共享中心的工作要求。

最后,财务共享中心的维护更新不到位也影响了其作用的发挥。财务共享中心的建设需要不断迎合业务活动的发展而进行调整和完善。然而,在实际运行中,一些企业的财务共享中心在初步搭建完成后就缺乏后续的维护和更新。这导致其功能受限,难以跟上企业实际发展的需要。因此,企业需要加强对财务共享中心的维护和管理,确保其能够持续有效地为企业价值赋能。

四、财务共享服务中心的运营与管理

(一)财务共享服务中心的运营模式

财务共享服务中心的运营模式主要涵盖了基本运营模式、市场运营模式、高级市场运营模式以及独立经营运营模式四种,如图 6-4 所示,这四种运营模式在逻辑上呈现出显著的递进关系。

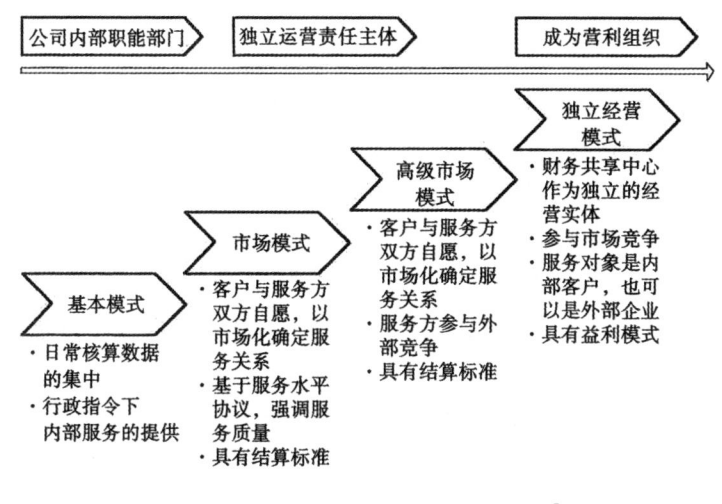

图 6-4　财务共享服务中心的运营模式[①]

1. 基本运营模式

在基本运营模式下，财务共享服务中心特别强调流程的标准化和规范化，通过制定统一的业务操作规范和质量标准，确保各项服务的高质量和高效率。同时，组织结构的灵活化也是该模式的重要特点，能够根据不同业务需求和变化进行快速调整和优化。此外，分工的专业化和能力的核心化也是该模式所强调的，通过培养和提升员工的专业技能和核心竞争力，确保财务共享服务中心能够提供更加优质的服务。

2. 市场运营模式

在市场模式运营下，财务共享服务中心打破了传统内部职能部门的框架，以独立运营责任主体的身份出现。它不再仅是一个托管式的服务提供者，而是转型为一个虚拟经营单位，其服务方式更加灵活，决策权更多地交由接受服务的客户掌握。财务共享服务中心致力于优化业务流程，严格按照既定的业务流程与标准为客户提供服务，以此提升其服务质量和专业化水平。

---

① 王兴山. 数字化转型中的财务共享 [M]. 北京：电子工业出版社，2018：69.

3. 高级市场运营模式

随着运营模式的不断升级，高级市场运营模式赋予了财务共享服务中心更加鲜明的外向型特征。在这一模式的推动下，财务共享服务中心所面临的外部竞争压力愈发加剧，而服务对象的自主权也得以进一步拓宽。客户如今能够在众多的共享服务机构中自由地进行挑选与比较，若内部服务机构在服务的数量或质量上未能达到客户的期望与需求，客户完全有权选择更换服务机构，甚至可以直接从外部市场中寻求更为满意的服务。

这种高级市场运营模式的核心要义在于，通过引入市场竞争机制，激发财务共享服务中心为客户推荐更为高效、优质的服务供应商的动力。这不仅能够协助客户在海量服务选项中做出更为明智、精准的决策，还能有效推动内部服务的持续改进与优化。在这一机制下，财务共享服务中心将更加注重提升自身的服务品质与竞争力，从而为客户带来更加优质、专业的服务体验。

4. 独立经营运营模式

独立经营运营模式则标志着财务共享中心的全新阶段。在这一模式下，财务共享中心彻底转变为一个独立经营实体，以"外部服务提供商"的身份运作。它不再局限于为企业内部提供服务，而是积极拓展外部市场，利用自身的专业知识和技能，结合外部资源，为更广泛的客户提供服务。服务收费也随市场变化而调整，体现了其高度的市场敏感性和灵活性。值得一提的是，随着现代技术的应用，如互联网和云计算，财务共享服务中心还在探索并采用非核心业务的"众包"模式，这进一步提升了其运营效率和市场竞争力，使其成功地从"成本中心"转型为"利润中心"。

（二）财务共享服务中心的建设管理

财务共享服务中心的建设管理是一个多维度、综合性的过程，涵盖了目标管理、知识管理、人员管理、质量管理、绩效管理等多个关键环节。

1. 财务共享服务中心建设的目标管理

无论是个人还是企业，目标的设定都是工作的起点。企业需要在明确自身使命和任务的基础上，将其转化为具体、可量化的奋斗目标。对于财务共享服务中心而言，也不例外。各个业务领域都应有清晰的目标指引，以免出现工作遗漏或方向偏离的情况。

在目标管理的过程中，最高层管理者需将组织目标进行有效分解，形成各部门的分目标。各部门管理者则依据这些分目标来制订具体的工作计划和考核标准。通过这样层层分解、层层落实的方式，确保财务共享服务中心的各项工作都紧扣总体目标，形成合力。

目标确定后，财务共享服务中心便可据此评估组织活动的成效，并为后续的绩效管理提供有力支撑。明确的目标不仅能够指引服务中心的发展方向，还能帮助识别哪些领域需要改进和优化。因此，为财务共享服务中心设定明确、统一的目标至关重要。

在具体操作中，我们需要根据财务共享服务中心的不同发展阶段和实际需求，灵活调整和优化目标体系。例如，在独立经营模式下，财务共享服务中心作为独立的运营单元，需要为不同成员单位提供高效、优质的服务。此时，可以设定以下几方面的总体目标。

一是降低运营成本，通过优化流程、提高自动化水平等方式，降低财务共享服务中心的运营成本，提升整体效益。

二是提高业务处理效率，通过引入先进的信息化技术和工具，提高财务共享服务中心的业务处理速度和准确性，满足客户需求。

三是优化会计信息质量，加强内部控制和风险管理，确保会计信息的真实性、完整性和及时性，提升信息质量。

四是满足客户需求，深入了解客户的业务特点和需求，提供个性化、专业化的服务，增强客户满意度和忠诚度。

此外，在目标管理的过程中，我们还应注重目标的动态调整和优化。随着市场环境、客户需求等因素的变化，财务共享服务中心的目标也需要相应地进行调整和完善，以适应新的形势和发展要求。

2. 财务共享服务中心建设的知识管理

财务共享服务中心作为专注于财务业务的共享服务组织,无论其是隶属于集团财务部门,还是与之并行设置,在运营中构建和完善知识体系都是不可或缺的一环。在知识体系的建设过程中,各类因素如专业服务知识、服务技能等都会对其产生深远影响。因此,为了更有效地进行知识管理,需从以下两个方面加以强化。

(1)优化知识管理组织架构

知识管理组织的建立与运行应贯穿于整个财务共享服务中心。该组织通常由三个层次构成,各司其职,共同推动知识管理的深入实施。

首先是推动层,由财务共享服务中心的管理层担任。这一层次的核心职责在于落实知识管理的各项策略,确保整个中心都充分认识到知识管理的重要性,从而营造出一种积极向上的管理氛围。虽然推动层在日常工作中的直接参与度可能相对较低,但其对于知识管理方向的把握和整体推进具有至关重要的意义。

其次是支撑层,作为知识管理组织的核心力量,他们以全职身份投入知识管理工作中。支撑层的人员规模需根据财务共享服务中心的实际规模进行合理配置,其中知识经理的角色尤为关键。知识经理不仅负责设计整个知识体系的运作流程,还需监管流程的实施情况,并在知识管理中发挥桥梁和纽带的作用。

最后是执行层,主要由各个项目的基层人员以兼职身份组成。知识管理的实施离不开基层员工的积极参与和配合,因为他们身处一线,对实际工作环境有着最直观的了解。所以,执行层的知识经理应由各个项目的基层代表担任,以确保知识管理策略能够真正落地生根。

这三个层次的知识管理组织相互协作、密切配合,共同构成了财务共享服务中心知识管理的坚实基础。

(2)构建完善的知识数据库

建立财务共享服务中心的"知识数据库"是提升知识管理效率的关键举措。这一过程涉及对内部数据、档案、文件等的筛选、分析和融合,旨在将零散的信息整合成系统化的知识资源,并在内部数据库中进行统一存储和管理。知识数据库的建立使知识资源得以有效整合和高效利用,方便员工随时查阅和获取所需知识。

此外,为了促进知识的共享和传递,员工还可以通过会议、教育训练、公布栏等多种渠道对数据库中的知识进行分享和交流。这不仅有助于提升员工的知识水平和业务能力,还能够促进组织内部的沟通与协作,推动财务共享服务中心的持续发展。

3. 财务共享服务中心建设中的人员管理

在人员管理的诸多环节中,人员选拔与培训无疑是两个至关重要的方面,下面将针对这两点进行详细的分析与探讨。

(1)人员选拔机制

财务共享服务中心在选拔人员时,必须全面考虑其专业知识、服务技能以及其他相关素质。一个优秀的财务共享服务中心从业人员需要具备多方面的素质,包括扎实的财务知识、良好的沟通协调能力、高效的工作习惯以及强烈的服务意识等(图6-5)。在选拔过程中,需要针对这些关键素质设定明确的考核标准,提高选拔门槛,确保所招募的人才能够符合组织的发展需求,并为共享服务中心的运营提供有力的支撑。

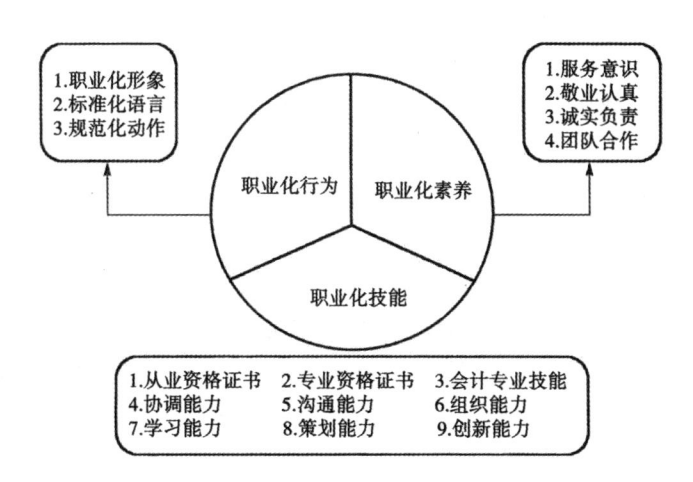

图6-5 财务共享服务中心从业者的基本素质[1]

(2)人员培训

为了构建一个有效的培训体系,财务共享服务中心需建立一套系统的、与业务发展及人力资源管理紧密配合的框架。该体系应包含多个关

---

[1] 王兴山.数字化转型中的财务共享[M].北京:电子工业出版社,2018:78.

键组成部分,如图 6-6 所示,主要包括培训管理体系、培训课程体系以及培训实施体系等。通过这些体系的协同作用,可以确保培训的全面性和针对性,从而有效提升员工的综合素质和业务技能,为财务共享服务中心的稳健发展奠定坚实基础。

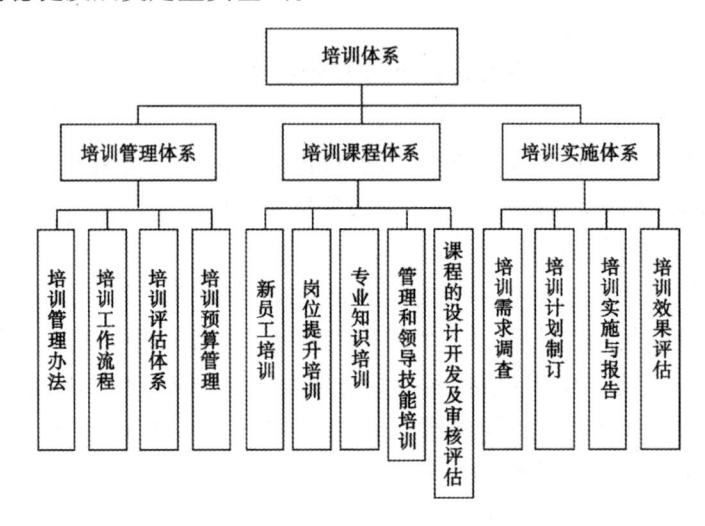

图 6-6　财务共享服务中心人力资源培训体系[①]

4. 财务共享服务中心建设的质量管理

在企业成功实施财务共享模式后,随着业务规模的逐渐扩大和市场份额的稳步提升,企业的信誉和形象愈发依赖于会计质量的稳固保障。为了确保财务共享服务的可持续发展,必须对财务共享业务的质量进行严格管理,有效控制质量风险,进而推动财务共享服务效率的不断攀升。

财务共享服务中心的质量检查流程如图 6-7 所示,该流程旨在全面、系统地审查各岗位工作人员是否严格按照既定的操作规范与标准执行工作。通过这一流程,不仅能够及时发现并纠正工作中存在的问题,还能够有效促进员工质量意识的提升,确保各项作业成果均能达到质量标准的要求。在质量检查过程中,还需注重运用多种检查手段和方法,确保检查的全面性和准确性,为财务共享服务的持续优化提供有力保障。

---

① 张庆龙,潘丽靖,张羽瑶.财务转型始于共享服务[M].北京:中国财政经济出版社,2015:46-47.

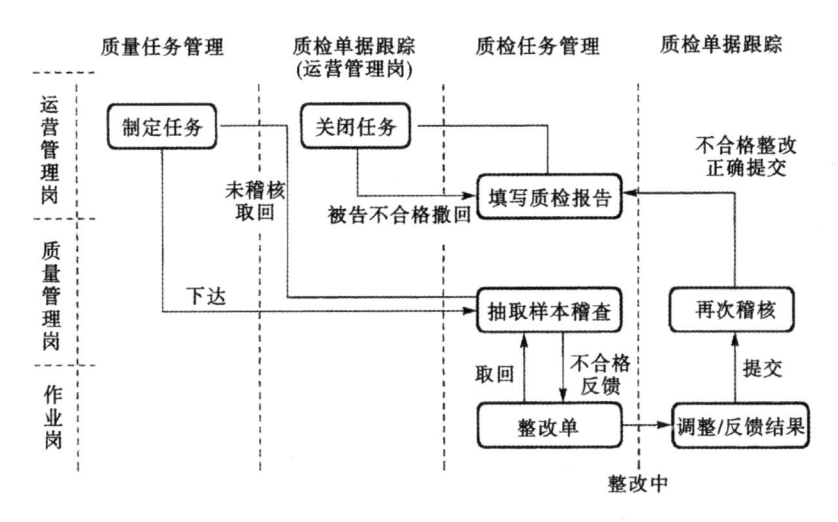

图 6-7　财务共享中心的质量检查流程[①]

5.财务共享服务中心建设的绩效管理

财务共享服务中心运营的绩效管理是一项系统性的工作,涵盖了绩效计划的制定、实施以及考核等多个关键环节,旨在提升中心的整体运营效率和效果。

（1）精心策划绩效计划

在绩效管理的征程中,制定切实可行的绩效计划是首要之务。财务共享服务中心需将既定的战略目标层层分解,明确至各个具体岗位,确保每位员工都清楚自己的工作职责与目标。在此过程中,管理者与成员需共同参与,深入剖析各岗位的实际情况,确保绩效计划既符合组织的整体战略,又切实可行。

为确保绩效计划的科学性与合理性,需明确界定各岗位员工的责、权、利,确保计划的实施具有明确的方向和可衡量的标准。此外,绩效计划的制定还需充分考虑实际情况的变化,灵活调整目标,确保目标的现实性与可达成性。

财务共享服务中心员工的个人绩效计划应由其直接上级主导制定,并鼓励员工积极参与,确保计划内容得到员工的认同与支持。通过这一

---

① 陈虎,孙彦丛.财务共享服务[M].2 版.北京:中国财政经济出版社,2018:76.

过程,员工将更加自觉地执行计划,认真完成任务,为达成目标付出努力。

(2)全面推行绩效执行

在绩效计划的执行过程中,绩效沟通与辅导至关重要。管理者应密切关注员工的工作进展,及时发现问题并给予指导和支持。通过有效的沟通,了解员工在工作中遇到的困难和挑战,协助其克服困难,确保绩效计划的顺利实施。

在绩效辅导方面,管理者应转变角色,成为员工的辅导者和指导者。通过持续的辅导,帮助员工提升工作能力和绩效水平,确保其工作方向与组织的战略目标保持一致。

(3)科学实施绩效考核

绩效考核是绩效管理的关键环节,其目的在于评估员工的工作表现,为奖惩和晋升提供依据。在考核过程中,应根据不同岗位的特点和工作性质,采用不同的考核方法和标准。

对于财务共享服务中心而言,单纯的KPI绩效考核方式可能无法全面反映员工的工作表现。因此,建议采用更为全面、客观的考核方式,如全方位考核法(又称"360°考核法")。该方法通过多角度、多维度的评价,确保考核结果的准确性和公正性。

全方位考核法涉及直接上级、同事、下属、客户以及员工本人等多个评价主体,能够更全面地反映员工的工作表现。同时,该考核方法有助于促进团队成员间的沟通与合作,提高共享服务中心的整体绩效水平。

另外,财务共享实施风险因素的存在,可能导致预期目标无法顺利达成,例如实施后可能引发成本不降反升、财务业务处理效率显著下滑、财务业务无法正常开展、关键财务人员流失严重、所提供的财务服务未能得到客户的认可与接纳等种种不良后果,最终可能导致整个财务共享项目的失败。因此,在推行财务共享模式时,我们必须充分认识到这些潜在的风险因素,并制定相应的风险应对策略,以确保财务共享模式能够顺利落地并取得预期成效。

第三节　大数据赋能下会计信息处理的智能化发展

一、会计信息处理智能化概述

会计信息处理智能化是指利用现代技术,如大数据分析、人工智能等,对会计信息进行高效、准确的处理。这种智能化处理方式相较于传统方法有着显著的优势,并已经成为当前企业发展的关键助力。在这一过程中,智能化技术发挥着举足轻重的作用。它不仅能降低处理风险、减少误差,更能建立真实可靠的财务报告,为企业的管理人员提供有力的决策支持。此外,还可通过将财务报告及时反馈给管理人员,使他们能够依据这些翔实的数据和信息,制订出更加科学、合理的决策方案。

二、会计信息处理智能化的重要性

在传统的会计信息处理中,通常依赖于人工对企业日常资金流动情况进行数据记录、报表编制等,侧重于回顾过去一段时期内企业的发展态势。然而,随着时代的进步和科技的发展,传统的手工处理方式已逐渐暴露出种种不足,难以充分满足新时代对会计信息处理的多样化、高效化需求。因此,为了推动企业更好地应对激烈的市场竞争,实现可持续发展,企业需积极拥抱信息技术与人工智能技术,推动会计信息处理的智能化升级。通过智能化处理,能够更加科学、精确地分析、解读会计信息,生成更具价值的财务报告,为决策者提供有力支撑,从而制定出更加科学合理的经营策略。

对于企业的财务会计信息而言,它不仅是反映企业某一阶段运营状况的重要载体,更是企业决策层制定未来发展战略的重要依据。智能化处理技术的应用能够有效降低企业在运营过程中面临的风险,借助人工智能的高效运算和精准分析能力,实现对会计信息的快速收集、整理与加工,生成高质量的财务信息报告。

基于这些报告,企业可以更加准确地把握市场脉搏,预测未来发展趋势,从而制定出更具前瞻性的经营策略。这不仅有助于企业提升经济效益和社会效益,更能在激烈的市场竞争中脱颖而出,实现长远稳健的发展。

三、会计信息处理智能化条件

(一)高效的输入系统

高效的输入系统是会计信息处理智能化的基础。传统的会计信息录入依赖大量的人工操作,不仅效率低下,而且容易出错。智能化的输入系统通过利用先进的技术,如语音识别和图文识别,极大地减少了人工录入的需求。这些技术能够快速准确地将语音或图像信息转化为可处理的电子数据,大大提高了数据录入的效率和准确性。此外,随着企业生产经营的电子化,如电子发票的广泛使用,智能输入系统的优势将进一步凸显,为后续的会计信息处理奠定了坚实基础。总体而言,人工智能与信息技术的深度融合为传统会计信息处理带来了革命性的变化,推动了输入工具的创新与改进,同时也优化了业务流程,提高了企业的整体运营效率。

(二)完善的数据库系统

一个完善的数据库系统不仅需要能够存储海量的财务数据,还需要具备高效的数据检索和分析能力。为了实现这一目标,数据库系统的设计和维护至关重要。一个优秀的数据库系统应该能够确保数据的完整性、一致性和安全性,同时还要支持实时数据的更新和共享。此外,数据库系统的运行也需要遵循相关的财务和数据处理标准,以确保数据的准确性和可靠性,从而为智能化的会计信息处理提供强有力的支持。我们要不断优化数据库系统的性能和功能,提高数据处理的速度和效率,以满足日益增长的会计信息处理需求。同时,加强数据库的安全防护措施,确保数据的安全性和完整性,为企业的稳定发展提供有力保障。

(三)强大的智能处理系统

处理系统需要具备高效的数据处理能力,能够按照预设的规则库自动运行,快速准确地获取处理结果。而控制系统则相当于整个处理工作的"大脑",它需要对整个处理过程进行全面的监控和调度,确保各个环节能够有序、高效地进行。通过强大的处理与控制系统,企业能够实现对财务数据的实时分析和监控,为决策提供有力支持。

(四)多样化的输出系统

除了传统的显示器和打印机等输出设备外,现代的智能化输出系统还包括语音输出、移动网络输出等多种方式。这些多样化的输出方式不仅满足了不同用户的需求,还大大提高了信息获取的便捷性。无论用户身处何地,都能通过智能设备及时获取所需的财务信息,从而做出更加明智的决策。

(五)安全性与隐私保护

在会计信息处理逐步实现智能化的背景下,数据的安全性和隐私保护显得尤为关键。随着技术的飞速进步,数据泄露和网络安全问题日趋严峻,这对会计信息处理带来了不小的挑战。因此,在智能化处理的过程中,我们必须高度重视并采取切实有效的技术措施,以确保数据的安全性和隐私得到充分保护。

为了达成这一目标,我们可以运用多种先进的技术手段。首先是数据加密技术,通过对敏感数据进行加密处理,可以在很大程度上防止数据被非法获取或破解。其次是访问控制技术,它能够有效限制对数据的访问权限,防止未经授权的访问和操作。最后是安全审计技术,它能够对数据的使用情况进行追踪和记录,及时发现并处理潜在的安全风险。

通过综合运用这些技术措施,我们可以有效地保护企业的财务数据不被非法获取或篡改,从而确保会计信息处理的真实性和可靠性。这不仅有助于维护企业的声誉和客户的信任,还能为企业创造更加安全、稳定的运营环境。因此,在推动会计信息处理智能化的同时,我们必须始终将数据安全性和隐私保护放在首位。

四、大数据背景下提升会计信息处理智能化水平的措施

（一）深化会计核算理念的变革，强化信息处理能力培养

在大数据浪潮汹涌的当代，为适应时代的发展潮流并充分利用大数据技术的潜力，迫切需要将会计信息处理推向智能化、信息化的新阶段。企业在实际操作中，应当深刻转变传统的会计核算理念，弥补其固有的不足，将信息化与智能化的思维巧妙地融入会计核算的核心理念之中，进而实现会计信息更加精准、高效的智能化处理。

为确保会计信息处理工作的顺利进行，需要构建一套科学、完善的制度体系，从制度层面为信息处理工作提供坚实的保障，全面提升企业的信息处理能力。在这一过程中，要注重智能化、科学化地搜集和处理会计信息，借助信息技术与计算机技术的力量，搭建一个功能完善、科学合理的会计信息处理智能化系统平台。通过优化各个功能模块，确保它们之间具备良好的衔接逻辑关系，从而形成一个高效、协同的信息处理体系。

此外，还应结合企业的实际情况，不断对现有的制度体系与模式进行优化和完善，以满足日益增长的会计信息处理需求。通过妥善解决内外部的信息孤岛问题，可以全面提升企业的信息处理水平，为企业的长远发展奠定坚实的基础。

（二）强化会计过程监管，提升监管水平

在大数据时代的背景下，为了精准、及时地识别和纠正会计信息智能化处理中的短板与偏差，对会计财务工作的实施过程进行严格的监督与管理显得尤为重要。必须高度重视纠偏处理工作，有效遏制孤立的会计管理隐患问题的滋生与扩散，防止其最终演变为系统性的会计难题，从而及时消除潜在的财务风险。

在处理各项账务往来关系时,应秉持科学、严谨的态度,妥善安排并优化处理流程。同时,还应加强对会计信息处理智能化工作效果的客观评价,确保评价结果的公正性与准确性。为实现这一目标,需要构建多元化的功能模块,包括数据的采集转换、内容建模等环节,以提升会计信息处理的智能化水平。

此外,还需对会计核算过程进行严格、系统化的管理,积极采用精细化的管理模式,确保每个环节都符合规范要求。在这个过程中,网络防火墙技术的作用不可忽视,应充分发挥其优势,确保会计信息的安全与稳定。

在资金的运用、结算以及审核等关键环节中,应进一步加强对会计信息的智能化处理,加强对整个过程的监督与管理,不断提升监管水平。通过这一系列措施的实施,有望构建一个更加高效、安全的会计信息处理体系,为企业的稳健发展提供有力保障。

(三)完善会计信息系统,筑牢技术风险防范之堤

通过集成企业内部的各个信息系统,可实现数据共享,避免信息孤岛。确保会计信息系统能够与其他系统(如 ERP、CRM 等)无缝对接,提高数据的一致性和准确性。企业可以选择功能强大、灵活可定制的会计软件,支持多币种、多语言、多会计准则,以满足企业日益复杂的业务需求。利用大数据技术,对海量数据进行深度挖掘和分析,为企业提供有价值的财务信息,助力决策层做出更明智的决策。随着企业业务的发展,会计信息系统应具备良好的可扩展性,以便根据实际需求进行功能扩展和升级。

在技术风险防范方面,要求企业建立完善的网络安全体系,采用防火墙、入侵检测等技术手段,确保会计信息系统免受外部攻击。同时,定期对系统进行安全漏洞扫描和修复,确保系统安全无虞。通过建立完善的数据备份机制,确保数据在意外情况下能够及时恢复。同时,定期对备份数据进行测试性恢复,验证备份数据的可用性和完整性。企业需要建立严格的用户权限管理制度,确保不同用户只能访问其职责范围内的数据。采用多因素身份验证技术,提高系统登录的安全性。另外,还要建立完善的内部审计机制,定期对会计信息系统的运行情况进行审计

和监控。及时发现并纠正潜在的技术风险和管理漏洞,确保系统稳定运行。并且,要加强员工的信息安全意识培训,提高员工对潜在技术风险的识别和防范能力,应鼓励员工积极参与系统安全的建设和维护工作,形成全员参与的安全文化氛围。

第七章

大数据赋能背景下会计信息化人才培养

第一节 会计信息化人才培养现状

一、会计信息化人才应具有的素质

（一）拓宽专业能力与知识储备的必要性

会计信息化人才的专业素质是其核心竞争力的体现。他们必须拥有扎实的会计基础知识，能够熟练掌握会计学原理、财务会计、管理会计等专业领域的知识，对会计制度和会计准则有深入的理解。在此基础上，他们还需具备出色的会计电算化技能，能够熟练运用各种会计软件和信息系统，高效、准确地完成会计核算和财务报告编制工作。此外，数据分析能力也是不可或缺的，他们应能运用统计方法和数据分析工具，对大量的会计信息进行深入挖掘和分析，从而为企业的发展提供有价值的决策支持。

在信息化时代，会计信息化人才的知识储备必须广泛而深入。除了会计专业知识外，他们还应了解经济学、金融学、税收学等多个相关领域的知识。这种跨学科的知识融合有助于他们更好地理解和处理复杂的会计业务,提升工作的综合性和创新性。同时,随着信息技术的迅猛发展,他们还需掌握一定的信息技术知识,如计算机操作、办公软件使用、数据库查询等。这些知识将帮助他们在信息化环境下更加游刃有余地完成会计工作,提高工作效率和质量。

(二)必须具备学习与创新双重能力

会计信息化人才在当今快速发展的商业环境中,面临着不断更新的技术和规则挑战,因此他们必须具备强大的学习能力。这要求他们不仅能够持续学习新的会计准则、税务法规以及掌握新兴的信息技术,如云计算和大数据分析,还要能够不断提升自己的专业素养。通过学习,他们可以更好地适应行业变化,高效地处理和分析财务数据,为企业提供准确及时的财务信息。

同时,会计信息化人才还需要拥有创新能力。在遵守会计规范的基础上,他们应能够运用创新思维,探索和实施财务管理的新方法和流程。利用最新的区块链、数据分析等技术,创新会计信息的处理与分析手段,创造性地解决复杂的财务问题。这种创新能力不仅有助于提升工作效率,还能为企业提供更有价值的财务建议和解决方案,从而推动企业持续发展。因此,培养兼具学习与创新能力的会计信息化人才,对于适应现代商业环境的需求至关重要。只有如此,会计信息化人才才能在日新月异的社会环境中立足,为经济发展贡献自己的力量。

(三)必须具备卓越的沟通能力

在传统的会计工作环境中,由于会计人员较少与其他部门产生频繁的交流,也无须过多地依赖他人的配合,他们往往能在办公室内独立高效地完成所有工作。因此,沟通能力在传统会计工作中并未被赋予过多关注。然而,随着社会的日新月异和技术的迅猛进步,人与人之间的交互、部门与部门之间的协作、企业与企业之间的联动变得日益紧密。在这样的背景下,会计信息化人员不仅要精通与企业内部同仁的沟通协作,还要具备与企业外部各方进行有效交流的能力,以确保信息畅通无阻,达到高效的沟通效果。这一转变凸显了沟通能力在会计信息化人员职业发展中的核心地位。

现代企业在追求系统化、高效化的发展过程中,对会计信息化人才提出了更为全面和严格的要求。他们不仅需要具备相互协调、共同探讨的工作能力,强调团队成员间的合作精神与团队意识,还应当在深入理解企业运作机制的基础上,协助设计并优化会计软件,以提升企业整体运营效率。而在其中,良好的沟通能力无疑是实现这一目标的关键所在。它不仅能够促进企业内部信息的畅通交流,还能够助力企业与外部环境的和谐互动,从而为企业的发展提供有力的支撑和保障。

(四)职业道德素质

会计信息化人才必须具备高尚的职业道德素质,他们不仅要严格遵守会计行业的规范和国家的法律法规,更要在日常工作中始终坚守诚实守信的原则。他们应当深知,每一笔账目的记录、每一份财务报告的编制都直接关系到企业的信誉和利益相关者的决策。因此,保持廉洁自律,拒绝任何形式的贪污和腐败行为,是每一位会计信息化人才必须恪守的职业底线。他们的行为不仅代表着个人的职业操守,更代表着会计行业的公平、公正与公开。

为了确保会计信息人才具备这些素质,我们需要通过一系列评判手段进行筛选和评估。例如,我们可以依托高校、培训机构、企事业单位等多元化的培训平台,构建一套完整的培训体系,同时结合各行业的实际需求,建设全面而高效的会计信息化管理机制。最终,我们将培养出高素质、高技能的复合型高级应用人才,推动我国会计信息化人才队伍不断发展和壮大。

二、我国会计信息化人才培养问题

(一)对会计信息化的认知尚显不足

传统观念中,会计在企业中的角色被片面地定位为一种运行工具,主要用于计算企业成本、分配收益等基础且简单的操作,其辅助性地位深入人心。然而,人们对于会计在企业预测、决策等更深层次、更具战略价值方面所能发挥的作用了解有限,从而导致企业对会计信息化的全面性和重要性认识不足、信任度不高。这种有限的认知进而促使人们对会计信息化产生了固化思维,阻碍了其在企业中的广泛应用与发展。

在此背景下,当前普遍存在的一种现象是人们对会计信息化的认识不够深入。这不仅体现在企业层面,也反映在教育领域。大多数高校在培养会计信息化人才时,往往过分注重会计软件的操作技能,而忽视了会计信息化与其他专业知识的内在联系。这导致毕业生虽然掌握了基本的会计软件操作能力,但缺乏从信息中挖掘价值、为企业决策提供支持的能力。此外,他们往往无法有效地运用所学的会计知识去获取信息、整合信息,更谈不上从这些信息中为企业做出明智的决策和判断。因此,会计专业毕业人员在面对社会需求时显得力不从心,难以适应信息化时代的会计工作。

(二)学科专业设置体系的局限性

学科专业设置体系的局限性主要体现在以下几个方面。

首先,大多数高校中,计算机专业与会计专业分属于理工类和人文社会科学两个不同的学科领域,这种分科设置导致了两大专业在知识体系、教学方法以及思维方式上存在着较大的差异。这种差异在一定程度上影响了会计信息化人才的培养效果。

其次,由于高校的专业设置、课程设置与专业的培养目标存在较大的差异,导致学生在接受教育的过程中,其知识水平、分析能力以及专业知识体系的构建等方面呈现出参差不齐的现象。这种现象使高校在培养会计信息化人才时难以形成统一的标准和体系,从而影响了培养质量。

最后,由于高校在会计信息化方面的师资力量相对薄弱,称职的会计信息化教师数量较少,导致师资力量呈现出间断性的特点。这种间断性使高校在培养会计信息化人才时难以形成稳定、持续的教学力量,从而影响了人才培养的连续性和稳定性。

(三)教学与实践的衔接不够深入和紧密

会计信息化课程不仅具有高度的专业性,更强调实践操作与应用技能的培养。因此,除了常规的实验教学与课堂教学外,我们还需将实践教学纳入课程体系,使三者形成有机统一。

然而,我国当前的高等教育显然未能充分意识到实践教学的重要性。首先,学生往往缺乏固定的实习单位,导致他们难以获得良好的实践环境;其次,部分高校对于实践教学的重视程度不足,使其往往流于形式,无法为学生提供丰富而深入的学习体验。这种情况导致了毕业生在会计信息化领域的技能水平无法满足市场需求,难以快速适应实际工作环境。

(四)理论教育滞后于发展需求

要全面实现我国会计信息化进程,深入推广和应用 XBRL 至关重要。XBRL 作为计算机技术与会计技术的完美结合,对于提升会计工作的效率与准确性具有重要意义。因此,高校在培养会计人才时,必须注重强化学生对会计电算化基础知识、ERP 环境下的会计信息化知识以及 XBRL 相关知识的掌握,确保学生能够全面、深入地理解并灵活运用这些知识,为未来的职业发展奠定坚实的基础。然而,目前我国高等教育在 XBRL 相关知识的教育方面尚显滞后。许多学生对 XBRL 缺乏了解,甚至对其用途一知半解,这无疑成为培养会计信息化人才的一大障碍。

(五)会计信息化人才培养目标模糊不清

会计信息化人才的培养,必须注重其综合素质的全面提升。这包括具备扎实的专业知识基础,掌握科学有效的工作方法,以及快速适应不断变化的社会环境的能力。然而,目前高校在会计信息化人才的培养目标设定上显得较为模糊,仅仅停留在初步掌握会计软件操作这一层面,缺乏更为深入和全面的培养方案。这种目标设定上的不足,直接导致了培养出的会计信息化人才难以满足社会日益增长的需求,更无法达到高素质人才的标准。

三、时代变革对会计信息化人才培养提出新挑战

过去,对会计人才的需求主要集中在低层次的核算工作上,而如今,随着经济的发展和管理的深化,社会对于面向管理、具备应用型和复合

型特质的会计人才的需求日益迫切。

（一）信息化背景下财务人才发展的新趋势

1. 基础性的财务人员迈向共享财务的转型之路

当前，共享财务已然成为财务领域发展的崭新风尚，众多大型企业正纷纷投身其中，积极构建财务共享平台，以此作为推动财务转型升级的核心阵地。这一趋势的兴起主要得益于两大核心驱动力的共同作用。

首先，鉴于财务人员在各类企业中分布广泛且数量庞大，基础财务人员的转型成为实现共享财务模式的关键环节。这些财务人员往往拥有较低的学历背景和相对普通的财务技能，长期投身于诸如原始财务凭证审核、资金收付、记账凭证编制等日常性事务的处理之中，积累了丰富的传统财务工作经验。正是基于这样的背景和技能积累，他们能够成为财务共享平台不可或缺的基础服务力量。在转型进入财务共享中心后，他们将有机会根据自身兴趣和职业规划，向运营管理者、关键技术人员及财务操作员三个不同方向进行专业深造与发展。

其次，运营管理者在财务共享中心的日常运营中发挥着举足轻重的作用。他们不仅需要具备扎实的财务知识储备，还需融合计算机操作、团队协同管理等多元化技能于一身。在全球化浪潮的推动下，许多跨国集团已经成功实现了普通财务人员通过进修课程、参与专业培训等方式的转型，将他们逐步培养成为具备高度专业素养的运营管理者。而关键技术人员则是共享财务体系的核心所在，他们的转型过程相对更具挑战性，需要深入掌握风险管理、绩效管理等核心管理技能，以推动财务共享平台的持续优化和创新发展。

最后，相较于前两者，财务操作员的岗位则更贴近传统财务模式，因此转型难度相对较小。他们只需熟悉并掌握财务共享平台上的操作流程，便能够迅速适应新的工作环境，为企业的财务转型贡献自己的力量。通过这一系列的转型与升级，企业财务团队将焕发新的活力，为企业创造更大的价值。

通过上述分析可以看到，基础财务人员在共享财务模式下拥有广阔的职业发展空间。通过不断学习和努力，他们可以实现从基础服务人员到高级管理者的华丽转身,为企业的财务管理和运营贡献更多价值。

2. 优秀财务人员向战略财务方向的全面转型升级

在企业集团的管理架构中,财务转型的战略层面正日益成为引领财务发展新潮流的关键方向。

首先,财务决策者在企业的发展轨迹中占据着举足轻重的地位。他们不仅擅长于完成诸如财务分析、预测等核心财务任务,更肩负着引领企业财务战略发展、开拓新境界的重要使命。为此,我们必须加大力度培养一支具备高学历背景、丰富财务管理经验的精英团队,确保他们能够成功转型为战略性财务人才,为企业的长远发展注入新的活力。

其次,战略财务工作的层次划分应清晰且深入。第一层次聚焦于与企业日常经营活动息息相关的财务管理活动,如成本收益对比分析、信息数据整合分析以及绩效评价等,确保企业日常运营的稳健与高效。第二层次涉及企业资本运作、预算管理等核心财务管理内容,为企业的战略发展提供有力支持。第三层次则聚焦于高端财务活动,如企业战略规划、管理决策等,这需要精算师、总经济师等具备高度专业素养和丰富实践经验的高级财务人才来引领和推动。

最后,在信息化管理的时代背景下,战略财务的核心职能愈发凸显。战略财务人员需紧密围绕企业战略导向,深入开展价值管理(如优化资本结构、制定融资决策)、资本管理(如投资计划制订、筹资渠道拓展)以及组织结构维护(如财务制度完善与优化)等工作。通过这些举措,战略财务人员能够确保企业财务管理的战略性和前瞻性,为企业创造更多价值,推动企业实现可持续发展。

3. 复合型财务人员向业务财务方向的深度转型

随着信息化时代的迅猛发展,实现财务与业务的紧密融合已成为财务管理的一大发展趋势。在这一背景下,复合型财务人员的转型显得尤为重要,他们将成为推动企业财务业务一体化的核心力量。

复合型财务人员主要包括两大类人群。第一类,是那些已经满足传统转型要求,并具备深厚财务知识的专业人员。例如,刚走出校门的财务专业大学生,他们虽然初次涉足业务端,但仍需依托扎实的财务知识背景,在财务共享中心中精准高效地完成对账、收款等各项任务。第二类,则是被视为战略储备力量的财务人员。尽管他们目前尚未达到战略财务人员的全面要求,但相较于普通财务人员,他们已具备更高的专业素养和发展潜力。为此,这类人才可以先在会计管理岗位接受更为系统和深入的锻炼与培训,以不断提升自身的综合素质。这种转型将为企业带来更为高效、精准的财务管理,推动企业实现可持续发展。

(二)我国会计信息化人才培养的机遇

1. 有效发挥政府与市场的协同作用

随着国家信息化战略的深入实施,市场对会计信息化人才的需求愈发迫切,这不仅为人才培养提供了广阔的空间,也对我们提出了更高的要求。为了积极响应这一需求,我们必须充分发挥政府与市场的协同作用,汇聚多方力量,共同推进会计信息化人才的培养。

政策层面,财政部等政府部门已经发布了一系列重要文件,为会计信息化普及和人才培养提供了明确的指导和强有力的支持,极大地推动了我国会计电算化的快速发展。同时,市场需求也成为驱动人才培养的重要力量。随着市场经济的不断发展和企业对高效、精准财务管理的需求增加,会计信息化人才的知识结构、个人素养及学习能力等方面都面临更高的挑战。

当前高校和各类培训机构在会计信息化教育领域的投入也不断增加,丰富的教材资料和多样化的课程设置为理论研究和人才培养奠定了坚实基础。这些丰富的资源为会计信息化人才的培养提供了更多可能性和选择。

为了更有效地把握这些机遇,我们可以进一步推出如"会计信息化资格证"等专业资格认证,规范行业标准,并通过加强校企合作,实现教育资源与企业需求的对接,从而培养出更符合市场需求的高素质会计信息化人才。同时,完善培训体系,针对会计信息化人才的特殊性和高要求,提高人才培养的质量和效率。

2. 深入推行"主辅修"模式，扎实打造会计信息化人才基石

近年来，教育部直属高校积极尝试将同院系的专业进行融合，使同院系的学生能够互相学习共通的基础课程，从而实现主辅修、双学位等多元化培养路径。这种培养模式既有助于学生拓宽知识视野，又能满足现代社会对复合型人才的需求。

然而，我们也必须正视当前在校大学生中存在的一些问题。许多学生尽管追求主辅双修，但往往过于注重双学位的形式和文凭的获得，而忽视了实际能力的培养和知识的深化。

为了解决主辅修流于形式的问题，使改革创新的人才培养模式能够真正落地生根，高校可以采取一系列措施。首先，可以开设"大学生职业发展生涯规划"课程，帮助学生明确自己的职业目标和发展方向。其次，建立主辅修、双学位咨询机构，为学生提供专业的指导和建议。此外，高校还可以根据市场需求和学科特点，针对性地开设相关专业的主辅修、双学位班。这将为他们未来成为会计信息化的后备人才奠定坚实的基础，为我国会计信息化事业的发展贡献力量。

3. 高校与业界联动，助推我国会计信息化师资队伍的壮大

当前，我国高校的会计信息化师资队伍存在师资力量薄弱、会计与计算机水平参差不齐的问题，导致师资队伍的成长面临重重困难。为了培育一批具备高素质、高水平的会计信息化人才，推动我国会计信息化事业的蓬勃发展，我们必须深化高校与企业的合作，丰富教师资源，提升教师的教学水平和实践经验，同时加强他们的计算机操作能力。

在此基础上，可以采取一系列有效措施。

首先，建立博士后师资队伍培养机制，吸引校外具有丰富经验和高级职称的专家担任兼职教授，为年轻教师提供实践指导和教学支持。同时，通过人才培养实践基地等平台，为博士后提供广阔的实践空间和学术资源，促进他们的快速成长。

其次，高校与企业之间的深度合作也至关重要。企业中的元老级专家拥有丰富的实战经验和深厚的专业知识，他们可以担任讲师角色，为师生提供真实的案例分析和实践经验分享。此外，将企事业单位中遇到

的困难及问题引入课堂，开展研讨和课题研究，有助于培养师生的实际问题解决能力。

面对会计信息化教师资源的紧缺问题，上述措施能够起到积极的缓解作用。它们不仅为年轻教师的成长提供了有力的支持，而且有助于扩大会计信息化师资队伍的规模，提升整体教学水平和实践能力。

随着会计行业的不断发展，信息化已成为其必然选择，也是实现会计现代化的重要途径。王军副部长大力推进的"健全一个体系、建立一个平台、形成一套标准、打造一支队伍、培育一个产业"的会计信息化建设主要任务，凸显了会计信息化人才队伍建设的重要性。因此，财政部、学校及相关部门必须高度重视会计信息化人才的缺失问题，积极寻求解决之道，完善人才培养和评价机制，为我国会计信息化事业的蓬勃发展提供坚实的人才保障。

第二节　大数据赋能下会计信息化人才培养课程体系的构建

进入21世纪的信息化时代，信息技术的迅猛发展给传统的会计行业带来了前所未有的巨大冲击。新兴概念如会计机器人、云会计、财务共享、"互联网+"、区块链等不断涌现，令人目不暇接。毋庸置疑，这些新技术的崛起已促使会计行业不可逆转地迈入了一个数字化、智能化的新时代。

面对这一前所未有的变革浪潮，众多高校纷纷开始深入思考会计行业的未来发展趋势以及如何培养适应新时代的会计专业人才。由于对新技术的认识和理解存在差异，当前社会各界对于这些问题尚未形成一致的看法。有人悲观地认为会计专业即将走向消亡，而也有人积极主张加强对财会专业学生计算机编程方面的训练，以适应数字化时代的需求。鉴于此，本节将深入分析现代信息技术给会计行业带来的深刻变革，进而探讨未来财会专业人才应具备的基本素质。在此基础上，我们将进一步研究如何构建培养这些基本素质的核心课程体系，为培养具备数字化、智能化素养的会计专业人才提供有力支撑。通过这一研究,我们期望能够为高校会计专业的教育改革提供有益的参考和启示。

一、大数据赋能下会计职业的转型定位与素质要求

(一)信息技术对会计行业的深刻变革与影响

信息技术的飞速进步为会计行业带来了前所未有的冲击与机遇,极大地提升了会计数据的处理效率,使财会人员能够摆脱烦琐的重复性劳动,转而投身于更具创造性和价值的工作之中。特别是以下三项技术的迅猛发展,为会计行业带来了革命性的变革。

1. 会计机器人

会计机器人作为人工智能在会计领域的杰出代表,其应用为会计行业带来了显著的变化。与其他信息系统相比,会计工作涉及的数据来源广泛、数量庞大,且存在大量重复、周期性明显的任务。同时,数据处理流程复杂且需要遵循严格的程序规定。会计机器人的出现极大地减少了对这些简单、重复、有规律可循的工作的人工投入,从而显著提高了工作效率。会计机器人主要应用于会计基础数据的收集、识别、处理、加工等可以程序化的工作中,极大地降低了会计信息生产的成本。基础数据处理效率的提升和成本的降低,使会计数据的深度利用成为可能,进而促进了企业账户层面和交易层面会计数据以及相关业务数据的融合,为业财融合、财务共享等管理模式的创新提供了有力支撑。

2. 区块链技术

区块链技术作为一种去中心化的数据库,以其独特的链式数据结构和密码学保障的不可篡改、不可伪造特性,在会计领域展现出巨大的应用潜力。会计工作对数据的真实性、可靠性和安全性有着极高的要求,这使区块链技术在这一领域有着广阔的用武之地。未来,区块链技术有望推动会计记账方式、记账流程以及报表披露等方面的根本性变革,进而带动审计鉴证、交易认证、内部控制等业务的创新发展。

3. 云会计

在云会计环境下,会计信息共享在云端,会计人员可以通过手机、平板和电脑等终端随时随地进行会计业务处理,大大提高了工作效率。同时,企业管理层也可以实时获取企业的会计信息,从而做出更加及时、准确的决策。然而,云会计的安全性问题仍是人们关注的焦点,需要不断加强云服务平台的安全防护和稳定运行,以确保企业会计信息的安全。

信息技术的迅猛发展将人类社会推向了大数据时代,数据成为最宝贵的资源。在这个时代,谁能够拥有更全面、更准确的数据,谁就能够在竞争中占据优势地位。因此,如何运用强大的机器算法从海量数据中提取有价值的信息,成为大数据时代的核心问题。对于会计人员而言,未来职业发展的重点可能在于对不同数据进行专业性的分析,挖掘数据背后的价值,为企业的发展提供有力的支持。如同医生通过分析病人的体检数据来诊断疾病一样,会计人员也需要不断提升自身的数据分析能力,以更好地服务于企业的决策和发展。

(二)大数据时代下会计职业的转型升级与定位重塑

在大数据时代,会计行业正经历着前所未有的变革与转型。企业内部数据共享中心的建立,打破了各职能部门之间的信息壁垒,使财务会计数据以及其他各部门的非结构化、碎片化数据得以集中处理和分析。结合宏观政策、经济环境、行业发展、消费潮流等企业外部数据,大数据为会计工作提供了更为丰富和全面的信息基础。

这些大数据具备以下显著特点:首先,数据来源广泛,涵盖企业内部各部门、税务机关、银行、工商管理部门、财政部门等多元渠道;其次,数据结构复杂,既有结构化的财务数据,又包含半结构化、非结构化的信息;再者,数据形式多样,文本文件、图形图像、音频视频等多种格式均可作为数据来源;最后,数据量庞大,单位数据价值密度相对较低,需要深入挖掘和整合。

在大数据的推动下,企业管理的复杂性对会计信息系统提出了更高的要求。会计控制工作逐渐前置,不仅要在预算控制和业务审批过程中进行会计控制,还要在决策支持、风险管理等方面发挥更大作用。同时,会计管理工作也将从传统的反馈式信息提供向预测式信息提供转变,为企业决策提供及时、可靠的依据。因此,大数据时代的财会人员需要不断提升自己的数据挖掘与分析能力。除了少数从事基础财务数据收集、整理工作的人员外,大部分财会人员将致力于对财务会计数据进行深度挖掘和综合分析。他们的分析范围不仅局限于公司内部的基础数据,还将拓展至同行业数据、宏观经济数据等外部信息,以提供更加全面、深入的会计信息。

在战略层面,财会人员需要对企业外部环境进行评估,参与长中短期策略的制定,预测市场趋势,以及合理配置内部资源。在经营层面,他们需要参与投融资计划的制定、成本控制、营运资金管理、生产采购流程决策、库存管理、市场开发决策以及新产品研发决策等工作,为企业创造更多的价值。

(三)大数据时代对会计人员素质要求的深度解析

在大数据时代背景下,对财务会计数据的分析能力将逐渐成为财会人员的核心竞争力。这种分析能力不仅依赖于先进的大数据分析工具,而且无法通过计算机人工智能轻易替代,它要求财会人员具备深厚的专业背景和丰富的实战经验,呈现出显著的专业特性。为了培养这种不可或缺的分析能力,我们需要从以下三个维度进行深入探讨。

首先,需要强化数据思维能力,即培养财会人员运用数据解决问题的思维定式。对数据价值的精准把握并非易事,它既需要扎实的专业训练,又离不开长期的实战积累。只有经过这样的双重磨砺,财会人员才能对数据保持高度的敏感性,善于从海量数据中捕捉规律,洞察商业本质。

其次,提升数据处理与分析能力同样至关重要。这要求财会人员掌握一系列信息技术知识和技能,包括但不限于数据的收集、管理、处理以及数据建模和结果可视化等基本技能。通过这些技能的运用,财会人员能够更高效地处理数据,提取有价值的信息,为企业的决策提供有力支持。

最后,数据应用能力也是大数据时代财会人员不可或缺的一项素质。它要求财会人员能够将数据应用于解决企业经营过程中的实际问题,充分发挥自身的创造性和认知性。这需要财会人员在实践中不断积累经验,提高发现问题、分析问题和解决问题的能力,从而为企业创造更大的价值。

二、大数据财会专业人才培养目标与课程体系构建

(一)大数据会计专业人才培养目标的深度拓展

大学教育致力于为学生铺设通往未来职业道路的坚实基础。因此,我们精心打造的大数据会计专业人才培养计划,旨在培养出一批具备高度财务数据分析能力、数据思维能力扎实且掌握数据处理和分析技术的优秀人才。他们不仅能将这些技术灵活运用于解决现实问题,而且在应对复杂多变的市场环境时也能游刃有余。

这些专业人才应精通运用大数据和人工智能技术进行系统设计、分析、决策和评价,展现出卓越的财会专业基本职业判断能力。他们具备敏锐的洞察力,能够迅速捕捉信息中的关键要素,进行深入分析,并据此做出明智的决策。同时,他们还能够快速响应财务工作实际问题,提供及时有效的解决方案。

未来,这些人才将在大中型企事业单位的财务管理与综合分析领域发挥重要作用,为企业的稳健发展贡献智慧与力量。此外,他们还将活跃于证券公司、会计师事务所等专业中介机构,从事与财务、会计、审计、行业分析等相关的专业工作,为行业的进步和发展贡献自己的力量。

(二)大数据会计专业人才培养的课程体系

人才培养的课程体系本质上是一个精心设计的系统,其中教学内容被有条不紊地组织起来,作为人才培养活动的坚实基石。一个健全的课程体系通常由通识教育课、学科基础课、专业必修课、专业选修课以及实践课等多个环节构成,这些环节相互衔接、互为补充,共同构成了一个完整的教育体系。

在大数据赋能的时代背景下,传统的会计专业课程体系显然已难以满足当前社会对人才的需求。为了培养出符合社会发展需求的大数据会计人才,大数据会计专业的课程体系必须敢于打破陈规,勇于创新,

第七章 大数据赋能背景下会计信息化人才培养

不断探索和实践。

具体而言,可以采用以下课程体系设计,如图 7-1 所示。该课程体系充分融合了大数据技术与会计专业知识,注重理论与实践的有机结合,旨在培养具备扎实会计理论基础、熟练掌握大数据技术应用的复合型人才。通过这一课程体系的学习,学生不仅能够掌握传统的会计知识和技能,还能够具备运用大数据技术进行数据处理和分析的能力,从而更好地适应未来会计行业的发展趋势。

素质要求：
- 基出大数据的财务会计分析能力
  - 数据思维能力
  - 数据处理与分析能力
  - 数据应用能力

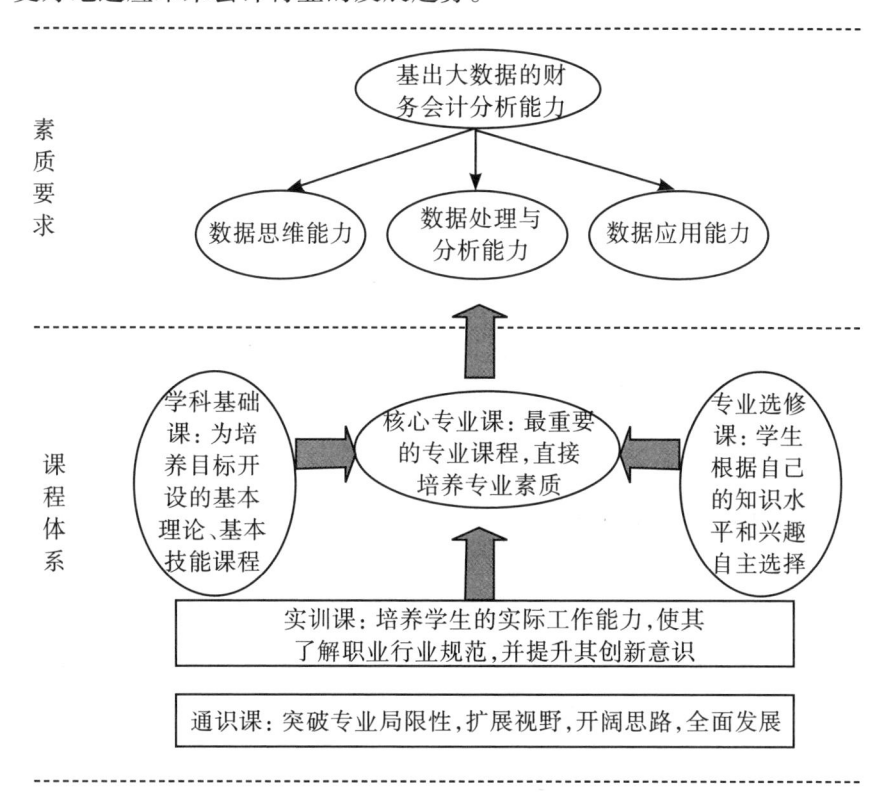

课程体系：
- 学科基础课：为培养目标开设的基本理论、基本技能课程
- 核心专业课：最重要的专业课程,直接培养专业素质
- 专业选修课：学生根据自己的知识水平和兴趣自主选择
- 实训课：培养学生的实际工作能力,使其了解职业行业规范,并提升其创新意识
- 通识课：突破专业局限性,扩展视野,开阔思路,全面发展

图 7-1 素质要求与课程体系结构图

(1)位于课程体系核心的专业核心课,无疑在整个学习架构中发挥着提纲挈领的重要作用,它们与专业素质的要求紧密对接,确保学生能够掌握关键的知识和技能。对于大数据会计专业而言,应精心设置一系列核心课程,包括但不限于《数据科学与会计信息系统》《Python 语言在财经领域的应用》《大数据技术及其应用》《财务共享与业财融合》《大数据管理会计》《大数据财务分析与可视化报告》和《大数据与财务决

策》七门课程，以确保学生能在大数据背景下全面而深入地掌握会计专业的核心知识和技能。

（2）学科基础课作为支撑培养目标的基本理论、基本技能课程，在大数据会计专业中具有不可忽视的地位。为此，应当增设高等数学、统计学和现代信息管理技术等课程，以便为学生在大数据领域的深入学习和实践奠定坚实的基础。这些课程不仅有助于提升学生的专业素养，还能为其未来的职业发展提供有力的支撑。

（3）专业选修课则为学生提供了根据个人知识水平、兴趣爱好和未来职业规划进行自主选择的空间。这类课程既包括复杂的信息技术课程，如深度学习、自然语言处理等，以提升学生的技术应用能力；也包括针对行业应用的垂直课程，如大数据审计等，以帮助学生更好地了解行业趋势和需求。通过选修这些课程，学生可以进一步拓宽知识面，提升综合素质。

（4）专业实训课程是培养学生实际工作能力的重要环节，旨在帮助学生了解职业行为规范并提升其创新能力。其中，毕业设计作为最重要的实践环节之一，应确保学生置身于真实的业务场景中，用所学的数据知识和技术去解决实际问题。这样不仅能提升学生的实践能力，还能培养其解决问题的能力和创新精神。

（5）虽然通识教育课位于课程结构图的最底层，但它们的重要性绝不容小觑。通识教育课以学生的全面发展为出发点，旨在突破专业的局限性，帮助学生扩展视野、开阔思路。因此，在通识教育课中增加信息技术应用环境下的职业道德培养课程，如数据保密、安全等方面的内容，是十分必要的。这些课程能够帮助学生更好地适应信息化社会的发展需求，提升其在未来职场中的竞争力。

（三）核心专业课程体系

在构建这一教育体系时，核心专业课程体系的设立尤为关键。经过精心规划，我们设计了一套包含七门课程的核心课程体系，旨在全面提升学生的大数据财会专业能力，具体课程内容如下。

（1）"数据科学与会计信息系统"课程在整个专业课程体系中起到了纲领性的作用。它旨在为学生普及大数据知识，培养他们的大数据思维。通过丰富的案例教学和实战训练，使学生深刻领悟"数据驱动型生产模式"的核心理念,并明确在这种新型生产模式下,财会行业所承担的重要角色及工作方式。

（2）"Python语言在财经领域的应用"课程着重于培养学生掌握Python这一强大编程语言的技能。鉴于Python在会计行业中的广泛应用,其精确的语法、简洁的编码风格以及丰富的第三方工具库使其成为处理复杂财务事务的理想选择。因此,通过本课程的学习,学生将能够熟练掌握Python语言,为未来的职业生涯奠定坚实的基础。

（3）"大数据技术及其应用"课程主要向学生传授大数据技术的核心知识,包括云计算系统、分布式计算系统、机器学习等前沿技术。随着数据处理需求的日益增长,云计算和分布式计算已成为大数据处理的关键技术。因此,本课程将重点培养学生的云计算和分布式计算能力,以适应大数据时代的职业需求。

（4）"财务共享与业财融合"课程旨在使学生深入了解财务共享平台和业财融合的理念。在大数据时代背景下,会计业务逐渐实现高度自动化和智能化,会计核算流程也日趋简化。然而,这并不意味着会计核算的重要性降低。相反,通过本课程的学习,学生将更好地掌握会计核算的内容与程序,以及其与业务流程的深度融合,从而更好地理解会计数据的产生过程和深层含义。

（5）"大数据管理会计"课程强调大数据技术在管理会计中的应用。随着大数据技术的快速发展,管理会计的功能得到了全面拓展和提升。本课程将引导学生运用大数据思维重新审视管理会计的各项工作,如成本形态分析等,并通过实际案例和数据建模训练,提升学生的大数据管理会计能力。

（6）"大数据财务分析与可视化报告"课程着重培养学生的财务分析能力和可视化报告编制技能。通过本课程的学习,学生将掌握如何利用大数据技术对企业财务数据进行科学、准确的分析,预测财务风险,并编制出直观、易懂的可视化分析报告。这是大数据财会专业人员必备的核心技能之一。

（7）"大数据与财务决策"课程旨在培养学生在大数据背景下进行财务决策的能力。本课程将介绍如何利用大数据技术为企业财务决策提供有力支持,包括投融资决策、股利分配决策、企业并购决策、资金管理决策以及信用政策决策等方面。通过本课程的学习,学生将能够更好地运用大数据技术进行财务决策分析,提高决策的科学性和准确性。

这七门课程共同构成了大数据财会专业人才培养的核心课程体系。其中,"数据科学与会计信息系统"课程培养学生的数据思维能力,"Python 语言在财经领域的应用"和"大数据技术及其应用"课程培养学生的数据处理与分析能力,而最后四门课程则侧重于培养学生的数据应用能力。这些课程相互衔接、互为补充,形成了一个完整的教育体系,为培养具备大数据思维能力和实践能力的高素质财会人才提供了有力支撑。同时,我们还需要进一步充实和完善这些课程的内容、章节分配和授课方式等方面,以确保其教学效果和质量。

三、大数据会计专业人才培养课程体系的配套措施

为培养大数据会计专业学生发挥积极的作用,亟待解决的问题是打造合格的师资队伍,编写合格的教材,并结合现代先进的教学手段,探索更适应的教学模式。

(一)师资力量

在现阶段的大数据会计专业教学中,参与的教师群体主要源自传统的会计、计算机等相关专业。尽管他们在教学领域拥有丰富的经验,但大部分教师可能并未涉足过大数据的实务操作,因此难以立即适应这一新兴领域的教学需求。鉴于此,我们迫切需要迅速构建一支具备专业素养的大数据会计教学师资队伍。为实现这一目标,最为稳妥且有效的途径是选取一批既拥有丰富教学经验,又具备一定计算机基础知识的教师进行专项培训。通过加强他们的大数据思维能力,使其掌握必要的大数据技术与方法,并鼓励他们参与实际的大数据分析项目,从而逐步提升他们在大数据会计专业领域的教学能力。这样的举措将有助于我们培养出一支既有理论知识,又有实践经验的高素质师资队伍,为大数据会计专业的蓬勃发展奠定坚实基础。

(二)教材编写

面对这一全新的课程体系,我们面临的最大挑战无疑在于教材内容的全面革新与重新编写。传统的会计专业教材多数是基于特定企业的案例和情境进行编纂的。举例而言,当前绝大部分的财务分析教材都主要聚焦于某个特定企业的财务报表,辅之以行业对比分析、经典案例剖析等内容。然而,这样的教材设计难以适应大数据时代对财务分析的新要求。

在大数据时代背景下,财务分析的数据来源日趋广泛且多元,数据的挖掘与分析也变得更加深入与精细。因此,财务分析的方法与技巧很可能将出现前所未有的创新。这些创新的分析方法和思路需要我们及时捕捉、深入研究和科学总结,并将其融入教材编写之中,以确保教材内容能够与时俱进,满足现代财务分析教育的需求。

为了做到这一点,我们需要打破传统教材的框架,重新构建适应大数据时代的财务分析教材体系,包括引入更多的实际案例分析、跨学科知识融合以及前沿技术的应用等内容,使教材内容更加贴近现实,更加符合时代发展的需要。同时,我们还需要注重培养学生的创新思维和实践能力,通过设计丰富多样的教学活动和练习,引导学生主动探索、积极实践,从而在财务分析领域取得更好的成绩。

(三)教学手段

在现今的大数据时代,信息技术的迅猛发展为教学工作带来了全新的机遇与挑战。为了与这一时代步伐相契合,教学工作必须持续进行教学手段的革新与提升。同时,大数据会计专业人才的培养必须更加重视数据技术与手段的运用,这与传统会计专业的人才培养模式相比无疑将呈现出显著的不同。当然,在具体的教学实践中,广大教师需要不断探索与尝试,总结教学经验,以期进一步完善和优化教学模式。

21世纪无疑是属于大数据的时代。在这一时代背景下,数据被赋予了全新的价值,成为社会发展的新资源,这一观点已经深入人心。各行业纷纷将大数据技术与自身业务相结合,不断拓展其内涵与外延,从而实现了巨大的发展突破。传统的财会专业在大数据时代的冲击下,也经历了深刻的变革与转型。如何培养出一批能够适应大数据时代需求的合格会计专业人才,已然成为摆在我们面前的重要课题。

上面提到的七门核心课程不仅涵盖了大数据技术的基础知识和应用技能,还针对财会专业的实际需求进行了深入拓展,旨在全面培养大数据财会人员所需的知识体系和技能要求。

当然，仅仅依靠课程设置是远远不够的。我们还需要注重师资队伍的培养与建设，深化课程内容的研究与探索，改进教学方式方法，完善培养模式与机制。只有这样，才能真正培养出一批具备创新精神和实践能力、能够适应大数据时代需求的新型会计专业人才。

第三节 大数据赋能下会计信息化人才培养路径

一、联合培养，打造新的育人机制

（一）深化合作，共筑多元化协同育人培养新机制

为了推动会计信息化人才的全面培养，必须构建创新的育人机制。首要任务是积极与国际知名集团、行业内具有标杆地位的企业等展开深入合作，共同打造一套多元化的协同育人机制。通过这种合作模式，可以充分利用各自的资源和优势，形成优势互补，共同推进会计信息化人才的培养。

其次，为了加强育人的专业性和针对性，需要组建一个专业的教育委员会。这个委员会将汇聚国内具有影响力的企业专家与职业教育专家，他们将在专业领域内发挥各自的专长，共同为育人机制的建设提供智力支持。同时，这个委员会还需要具备能够洞察行业前沿技术发展的企业专家，以及深谙教育行业规律的教育专家，以确保我们的育人机制能够与时俱进，满足行业发展的需求。

此外，可以成立一个由专业建设指导委员会组成的专业化指导团队。这个团队将在今后的专业建设过程中，发挥重要的指导和协调作用。他们将对专业建设的总体规划、组织协调、管理制度和机制建设、人才培养模式和人才培养方案、人才质量评价体系建设以及社会服务建设等关键问题进行深入研究和分析，并提出专业的意见和建议。通过这些努力将能够确保会计信息化人才的培养更加符合行业需求，更加具有针对性和实效性。

第七章 大数据赋能背景下会计信息化人才培养

（二）构建企业资源导入型"创新培养"与"创业孵化"协同机制

依托用友集团广泛的资源网络，可以有效结合企业与学校资源，创立独特的"三方合作"模式，融合企业指导者、专业教师以及学生事务管理教师的知识与经验；可以依据对人才培养的精确规划和创新创业教育的具体目标，努力推进专业教学与创新创业教育的有机结合，从而对专业课程结构进行细致的优化。

在课程规划方面，深入探索并丰富各类专业课程中的创新创业教育素材，以提升创新创业教育的实际效果。同时，可以构建一个全面而系统的"创新创业"课程体系。这一体系面向所有学生，包括研究方法、学科发展动态、创业基础知识、就业指导与创业准备等多个层面的通识创新、创业必修与选修课程，并将这些课程内容纳入学分管理框架，确保学生能够得到结构化的创新创业教育。

以此为基础，可以进一步设计一系列循序渐进、相互衔接、科学合理的创新创业教育课程组合，目的是全方位培育学生的创新创业思维和实际操作能力。最终，我们开发了一个以"T+职场实战"为核心的"双向引导型"创新创业孵化体系，该体系为学生提供多样的实践平台和创业支持，帮助他们在创新创业的征途上稳步前进。

二、工学交替，培养育人新思路

为了创新育人理念，我们可以采取工学结合的会计人才培养模式，以市场上对会计人才的真实需求为基础，构建系统化的课程体系为核心，并依托以企业文化为蓝本的仿真实训室，确保理论与实践的紧密结合。同时，我们还应以理实一体化的教材为教学依据，充分满足教学方法中教、学、做三者之间的有机统一。通过这种培养方式，我们能够显著提升学生的专业技能和职业操作能力，使他们更好地适应市场需求，为未来的职业发展奠定坚实的基础。

（一）构建工作过程系统化课程体系

高校在培养人才的过程中，课堂无疑是核心环节，而课程的设置与安排则成为这一过程中的关键载体和有效手段。

要确保一堂课程能够取得显著成果,使学生真正领悟其中的精髓,我们必须建立一套正确且完整的课程安排体系。因此,构建这样的体系必须满足两个核心要求。首先,课程内容必须紧密贴合市场需求,契合企业的实际需求。这意味着在选择教材时,必须充分考虑市场上对于学生素质、知识掌握程度以及实践操作能力的期望,并以此为基础来构建课程内容。其次,课程安排必须充分考虑到学生的学习特点。传统的灌输式教学方法已不再适用于现代学生的教育过程,我们必须按照系统化的条件来组织教学工作,并从专业视角对工作流程进行系统化梳理与构建。这要求摒弃传统的学科系统化框架,建立以"工作流程系统化"为核心的课程体系。还要根据职业能力发展规律,构建系统化的教学机制,做到不仅传授知识,更重要的是为学生搭建起成为会计专业人士的桥梁。

为了实现这一目标,首先,会计课程需要在形式上实现理论与实践的紧密结合。这种结合能够有效解决知识与实践脱节的问题,通过创造实际教学环境,让师生在"实践中学习,教学中实践"的过程中同时实现知识积累、技能提升和职业素养培养三大教学目标。其次,作为职业教育课程体系的重要组成部分,实习和实训是学生成长为职业人士的必要途径。虽然理论与实践相结合的课程能够帮助学生掌握专业技能,但这还不足以让学生独立承担会计工作。因此,还需要设计多样化的实训和实习课程,如综合实践、岗位实践等,以帮助学生更好地适应未来的职业生涯。

(二)实施"六段递进"的教学组织模式

"六段递进"的教学组织模式,其核心在于将学生的学习历程精心划分为六个相互衔接、逐步深入的阶段。每一阶段都承载着特定的教学目标,侧重培养学生的不同技能和能力,旨在构建完整且系统的会计专业能力培养体系。

1. 基本技能单项学习阶段

在这一阶段,学生将通过出纳、供应销售业务核算等理论与实践相结合的课程设置,系统学习会计专业的基础知识和核算技能。通过理论与实践的相互融合,为学生打下坚实的专业基础。

2. 基本技能综合应用阶段

在基本技能综合应用阶段,学生将参与会计综合实训课程,模拟完成一个企业的月度会计业务。通过这一过程,学生不仅能够巩固和拓展之前所学的基础知识,还能够培养运用会计知识和技能解决实际问题的能力。

3. 复杂技能单项学习阶段

进入复杂技能单项学习阶段,学生将面对更高层次的挑战。通过成本核算、财务管理等理论与实践一体化课程的学习,学生将掌握处理复杂会计业务的方法和技巧,如成本核算、财务管理、税务管理等。这一阶段的学习将为学生日后从事会计工作提供有力的支撑。

4. 顶岗实训阶段

在顶岗实训阶段,学生将担任模拟公司的会计人员,在各自的岗位上独立完成会计业务的处理。这一过程旨在强化学生的会计职业意识,提升他们的业务处理能力和职业素养。

5. 跟岗见习阶段

跟岗见习阶段是学生将所学知识和技能应用于实际工作环境的关键阶段。在这一阶段,学生可以进入合作企业,担任会计人员的助理角色,通过协助企业会计工作,深入了解会计工作的实际运作,培养职业认同感和职业素质。

6. 顶岗实习阶段

顶岗实习阶段是学生在企业环境中进行独立工作的阶段。在这一阶段，学生将在企业会计人员的指导下，独立处理会计业务，锻炼岗位适应能力和社会综合能力。通过这一阶段的学习和实践，学生将能够更好地适应职场环境，为未来的职业发展打下坚实的基础。

通过这六个阶段的逐层递进，学生的职业能力将呈现出逐层上升的趋势。最终，他们将成为具备较高职业素质的会计信息化人才，为社会的经济发展和会计行业的进步贡献力量。

(三)打造仿真实训场所

在实施工学结合的教学模式时，一个至关重要的前提便是构建适宜的实训环境。对于会计专业而言，仿真企业办公环境的实训场所的构建显得尤为关键。该实训场所应展现如下鲜明特点。

首先，融入浓厚的企业文化氛围，使学生置身其中便能深切感受到这宛若真实的企业会计部门，从而有效培养学生的会计专业意识和职业素养。

其次，应设置多样化的企业会计岗位，以满足大量学生实训学习的需求。由于现实企业中会计岗位的数量有限，无法容纳众多学生同时进行实训，因此实训场所必须具备这一特性。

以黄冈职业技术学院为例，该学院按照上述要求，精心构建了会计仿真实训室。该实训室涵盖了16家企业、2家银行的仿真环境，形成了一个完整的企业经济链。各企业之间模拟实际经济往来，通过两家银行进行资金结算。实训过程中，学生们分别扮演不同岗位的角色，完成从原始凭证的生成与审核、记账凭证的编制，到登账、结账、对账，直至编制报表等全套会计业务流程。这种高度仿真的实训体验不仅能够有效锻炼学生们的会计业务处理能力，更在潜移默化中培养了学生的职业意识和责任感，使他们在实训中真切地感受到了会计工作的严谨性和专业性。

三、数据统计，全面评价育人新标准

教学管理作为整个人才培养体系的基石，其关键性地位不言而喻。为确保教学质量标准得以严格遵循和有效执行，需要对各个教学环节，如课堂教学、课程设计、实践教学等，进行细致入微的把控和管理。同

时，我们应积极推行诸如青年教师导师制、首次开课试讲制、教师任课资质制等一系列行之有效的制度和措施，以全面提升教学水平和质量。

此外，通过建立健全的质量监督体系，能够全方位地监控和评估教学质量。鼓励学生积极参与评教活动，引入督导组进行督导与听课打分，这些举措有助于我们实时掌握教学动态，发现问题并及时解决。通过这些努力，我们能够确保教学质量的稳步提升，为培养优秀人才奠定坚实基础。

针对青年教师，可以定期举办基本功比赛与教案评比活动，邀请经验丰富的老教师担任评委，进行听课点评，以促进青年教师教学水平的不断提升。此外，还应鼓励学生积极反馈课后意见，以便教师及时调整教学策略，满足学生的学习需求。

为了更好地满足企业岗位对人才的需求，应积极探索"校企联合、共同管理"的教学模式。学校与企业共同设计教学过程，制定教学标准，形成优势互补、资源共享的良性互动。同时，由学校的正式教师与来自企业的兼职教师共同组成教学管理、考核评价机构，确保教学管理与考核评价工作的科学、公正、高效。

目前，各高校在会计专业人才培养方面存在着较大的差异，评价体系也千差万别。因此，建立统一的人才质量评价体系显得尤为重要。在具体实施过程中，应将课程考核与实训项目考核相结合，两者并重，共同构成评价体系的重要组成部分。课程考核方面，可采用平时成绩、单元测试、期末考试相结合的方式，以加权平均的方式计算最终成绩。同时，应重视实践环节的考核，将实践操作能力纳入评价范畴，以确保实践教学质量的提升。

此外，对于实践教学的过程监控与效果评价也不容忽视。可以建立切实有效的评价体系，通过设置共性指标体系、发放调查问卷以及组织企业座谈交流等方式，对实践教学效果进行全方位、多角度的评价。

参考文献

[1] 吴海祺,杨绪梅,蔡燕.财务管理与会计信息化创新研究[M].长春:吉林人民出版社,2023.

[2] 韦姿百,王硕.大数据背景下会计信息化系统创新与发展[M].北京:中国书籍出版社,2023.

[3] 窦巧梅.大数据背景下的财务分析与管理研究[M].北京:中国商务出版社,2023.

[4] 李小花.新时代背景下大数据与会计专业人才培养及教学改革[M].长春:吉林出版集团股份有限公司,2022.

[5] 张玺亮,刘洪星.会计信息化[M].北京:北京时代华文书局,2021.

[6] 孙玲.大数据时代职业院校会计人才培养模式的改革与创新[M].北京:中国纺织出版社,2021.

[7] 王海燕,王亚楠.会计信息化教学研究[M].长春:吉林大学出版社,2020.

[8] 张一兰.智能财务时代[M].长春:吉林大学出版社,2020.

[9] 董煜,吴红霞.会计信息化[M].天津:天津科学技术出版社,2020.

[10] 贾小强,郝宇晓,卢闯.财务共享的智能化升级[M].北京:人民邮电出版社,2020.

[11] 陈平.财务共享服务[M].成都:西南财经大学出版社,2020.

[12] 刘赛,刘小海.智能时代财务管理转型研究[M].长春:吉林人民出版社,2020.

[13] 任振清.财务数字化转型[M].北京:清华大学出版社,2020.

[14] 吴践志,刘勤等.智能财务及其建设研究[M].上海:立信会计出版社,2020.

[15] 仲旦彦．当代会计信息化原理与应用研究[M]．北京：北京工业大学出版社，2019．

[16] 徐志敏，邵雅丽．云计算背景下的财务共享中心建设研究[M]．长春：吉林人民出版社，2019．

[17] 南京大学智能财务研究课题组．智能财务教程[M]．南京：南京大学出版社，2019．

[18] 荆新．会计信息化[M]．成都：电子科技大学出版社，2018．

[19] 董皓．智能时代财务管理[M]．北京：电子工业出版社，2018．

[20] 张庆龙，董皓，潘丽靖．财务转型大趋势 基于财务共享与司库的认知[M]．北京：电子工业出版社，2018．

[21] 张奇．大数据财务管理[M]．北京：人民邮电出版社，2016．

[22] 涂子沛．数据之巅：大数据革命，历史、现实与未来[M]．北京：中信出版社，2014．

[23] 万希宁，郭炜．会计信息化[M]．武汉：华中科技大学出版社，2009．

[24] 孙允午．统计学 数据的搜集、整理和分析[M]．上海：上海财经大学出版社，2006．

[25] 葛军．会计学原理[M]．北京：高等教育出版社，2004．

[26] 辛茂荀．会计信息化[M]．北京：经济科学出版社，2003．

[27] 朱柳瑜．大数据背景下财务共享服务中心建设研究[J]．中国商人，2024（2）：180-181．

[28] 倪静娜．大数据时代的会计信息化研究[J]．财会学习，2024（12）：81-83．

[29] 宁靖华，邓霄敏．大数据背景下中小企业会计信息系统智能化改造研究[J]．老字号品牌营销，2024（9）：150-152．

[30] 孙爱民．数据共享下企业管理会计信息化有效实施策略[J]．乡镇企业导报，2024（9）：168-170．

[31] 陈镛屺．会计信息化与大数据技术推动财务管理升级转型[J]．中国商界，2024（5）：210-212．

[32] 杜继益．会计智能化背景下企业智能会计信息系统的研究[J]．中国集体经济，2024（14）：145-148．

[33] 秦媛媛．基于人工智能技术的会计信息化建设[J]．中国新通信，2024，26（6）：37-39．

[34] 韩路路,李自霞.智能时代背景下企业会计信息管理工作现存问题与优化策略[J].市场周刊,2024,37（2）:98-101.

[35] 倪夏容."云+数"背景下企业管理会计信息化建设发展路径[J].财经界,2023（36）:90-92.

[36] 张丽波.人工智能背景下本科院校会计专业人才培养模式研究[J].潍坊学院学报,2023,23（4）:91-94.

[37] 蔡璐.大数据时代企业会计信息化的风险及防范[J].纳税,2023,17（28）:52-54.

[38] 刘钦.数字化时代下的业财融合路径构建与研究[J].纳税,2021,15（4）:119-120.

[39] 孔赟.基于云技术的会计信息化管理系统的设计与实现[D].长沙:湖南大学,2022.

[40] 刘欣欣.业财融合背景下企业会计信息化研究[D].沈阳:沈阳大学,2022.

[41] 李菁菁.大智移云背景下企业财务共享中心建设研究——以中兴通讯集团为例[D].昆明:云南财经大学,2020.

[42] 杨晓彤.基于云计算的YH公司会计信息化应用优化研究[D].哈尔滨:哈尔滨商业大学,2020.

[43] 张静.管理会计信息化建设实施路径研究[D].济南:山东财经大学,2019.

[44] 贾愿鸿.物联网环境下的会计信息化建设研究[D].西安:长安大学,2016.

[45] 王慧娟.基于云计算的会计大数据分析平台构建研究[D].太原:山西财经大学,2015.

[46] 王舰.智能化立体动态会计信息平台研究[D].青岛:中国海洋大学,2013.

[47] 蒋楠.基于财务会计概念框架的会计信息系统重构研究[D].厦门:厦门大学,2009.